CAPITOOL ...RKER

ZEELAND

© 2012 Uitgeverij Unieboek | Het Spectrum bv.,
Houten-Antwerpen
www.unieboekspectrum.nl

Dritte, ergänzte Auflage, 2014

Autor: Bartho Hendriksen
Fotografien: Sietske de Vries und andere
Illustrationen: Jan Egas und Gieb van Enckevort
Kartografie: Armand Haye
Übersetzung: Heide Behnsen
Textregister: Silke Bouman

Gestaltung und Technik: Studio Putto BNO, De Rijp,
nach dem künstlerischen Konzept der
Eyewitness Travel Guides, herausgegeben von
Dorling Kindersley Limited, London

ISBN 978 90 475 1245 5
NUR 511

Het Koninklijk Zeeuwsch Genootschap der Wetenschappen unterstützte die Ausgabe, indem auf eine Erstattung für die Nutzungsrechte verzichtet wurde.

Diese Ausgabe ist mit der Mitarbeit van De Drvkkery-Middelburg und der Provinz Zeeland zustande gekommen.

Die Provinz hat einen finanziellen Beitrag zur Veröffentlichung geleistet.

Capitool gehört zu
Uitgeverij Unieboek | Het Spectrum bv,
Postbus 97, 3990 DB Houten

Provincie Zeeland

INHALT

Maritime Geschichte

Abdijcomplex in Middelburg, das Verwaltungszentrum von Zeeland

MIDDELBURG

Flanieren Am Kai in Sluis

Der Strand von Domburg auf Walcheren

Innenansicht der Grote oder Maria Magdalenakirche in Goes

Das Kirchenringdorf Dreischor auf Schouwen-Duiveland

BENUTZERHINWEISE

Dieser Reiseführer soll Ihnen mit detaillierten praktischen Informationen und Empfehlungen helfen, Ihren Urlaub in der Provinz Zeeland möglichst angenehm zu gestalten. In dem Kapitel *Middelburg im Überblick* und in den Kapiteln über die vier Regionen werden wichtige Sehenswürdigkeiten beschrieben und mit Fotos und Illustrationen veranschaulicht. Die *Infobox* enthält u.a. Informationen über Restaurants und regionale Spezialitäten, Einkaufsmöglichkeiten, Rad- und Wanderwege sowie Stadtrundgänge. Telefonnummern und Öffnungszeiten können sich ändern. Schauen Sie sich darum immer zuerst die entsprechende Website an oder erkundigen Sie sich beim örtlichen VVV (Touristenbüro). Die beschriebenen Gebäude, bei denen keine Öffnungszeiten und ergänzenden Informationen angegeben sind, sind der Öffentlichkeit in der Regel nicht zugänglich.

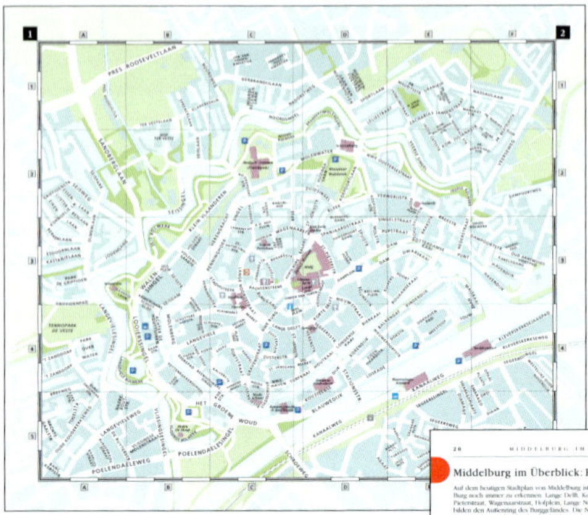

MIDDELBURG
Alle Sehenswürdigkeiten, die im Kapitel *Middelburg im Überblick* beschrieben werden, finden Sie auf der Übersichtskarte von Middelburg auf der Innenseite der vorderen Umschlagklappe.

Alle Seiten über Middelburg sind rot gekennzeichnet.

Eine Orientierungskarte zeigt Ihre Position im Hinblick auf das andere Viertel im Zentrum.

Middelburg im Überblick
Auf dieser Karte finden Sie einen Rundgang durch einen Teil des beschriebenen Viertels.

Sterne weisen auf Sehenswürdigkeiten hin, die Sie sich ansehen sollten.

Routenempfehlungen sind rot markiert.

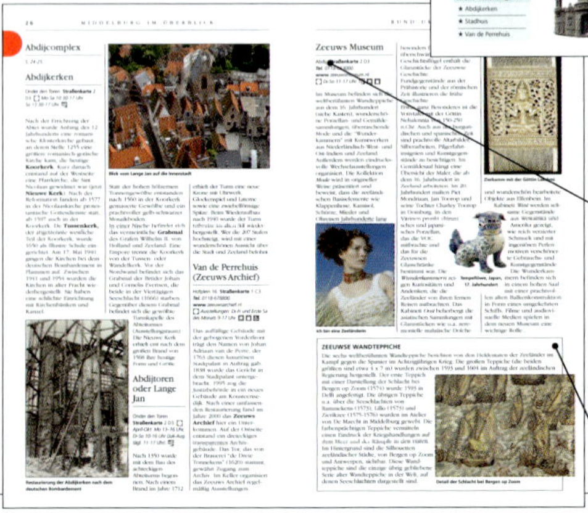

Detaillierte Informationen zu Sehenswürdigkeiten
Alle Sehenswürdigkeiten werden einzeln beschrieben, unter Angabe von Adressen, Telefonnummern, Websites, Öffnungszeiten, Informationen über Führungen usw.

In den Kästen werden besondere Themen aufgegriffen.

ZEELAND UND SEINE REGIONEN

Abgesehen von Middelburg ist die Provinz in vier Regionen unterteilt: Schouwen-Duiveland, Walcheren, Bevelanden, Tholen und Sint-Philipsland sowie Zeeuws-Vlaanderen. Von jeder Region werden die wichtigsten Sehenswürdigkeiten besprochen.

Unter Gemeinden finden Sie zu jeder Gemeinde kurze Informationen.

Detaillierte Informationen
Die wichtigsten Städte, Dörfer und Naturlandschaften werden ausführlich beschrieben. Zu jedem Ort gibt es genaue Informationen über wichtige Gebäude und andere Sehenswürdigkeiten.

Die Infobox enthält praktische Informationen zur Vorbereitung Ihres Besuchs.

Jede Region von Zeeland ist mittels eines Farbcodes leicht zu finden *(siehe Innenseite vordere Umschlagklappe).*

Hauptsehenswürdigkeiten
Diesen Highlights werden zwei oder mehr Seiten gewidmet. Bei historischen Gebäuden wurde die Einrichtung sichtbar gemacht.

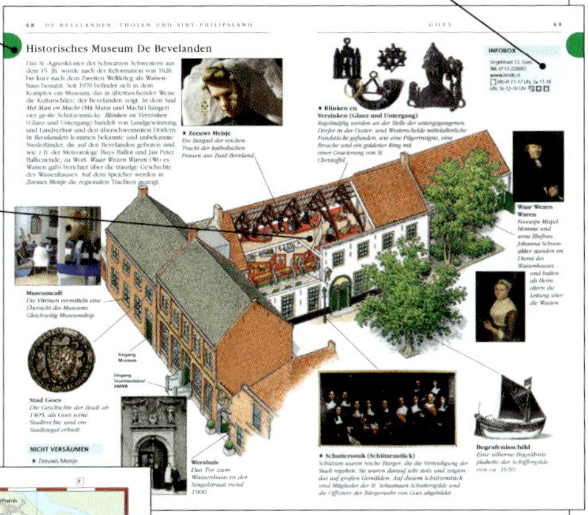

Übersichtskarte
Alle Regionen, die in Zeeland und seine Regionen *beschrieben werden, finden sich auf der Übersichtskarte von Zeeland auf der Innenseite der hinteren Umschlagklappe.*

Landkarte Zeeland

Die Provinz Zeeland liegt im Südwesten der Niederlande. Zeeland grenzt im Westen an die Nordsee, im Norden an die Provinz Zuid-Holland, im Osten an die Provinz Noord-Brabant und im Süden an Belgien. Die Provinz umfasst Zeeuws-Vlaanderen und die (ehemaligen) Inseln Schouwen-Duiveland, Tholen, Sint-Philipsland, Noord-Beveland, Zuid-Beveland und Walcheren.
Zeeland hat 381.000 Einwohner und umfasst eine Fläche von 293.000 ha. Davon sind zwei Drittel Land und ein Drittel Wasser. Schouwen-Duiveland ist die größte Gemeinde (49.000 ha), Kapelle die kleinste (4900 ha). Goes, Middelburg, Terneuzen und Vlissingen sind die größten Städte. Fast die ganze Provinz besteht aus Marschland mit Ausnahme der Dünen entlang der Küste und der Sandböden in Zeeuws-Vlaanderen.

Eine Luftaufnahme des Zentrums von Middelburg

Die Zeelandbrücke, die Verbindung zwischen Nord- und Mittel-Zeeland

Die Natur in Zeeland

Die Fluss- und Küstenlandschaft der den Gezeiten ausgesetzten Flussmündung der Schelde gehört zu den wertvollsten Naturlandschaften der Niederlande. Der Gezeitenwechsel (Ebbe und Flut), die Übergangszonen zwischen Salz-, Brack- und Süßwasser und die Sandriffe, Groden, Schlickböden und Fahrrinnen geben dem Zeeuwse Delta eine besondere Dynamik. Die Oosterschelde, gezähmt von der halb offenen Oosterscheldekering, gilt seit Mai 2002 als Nationalpark. In der Westerschelde hat die Schelde noch direkten Kontakt zum Meer. Hinter dem Deich besteht die Zeeuwse Natur größtenteils aus wasserreichen Gebieten (Feuchtgebieten), Karrenfeldern, sumpfigen Niederungen, Land zwischen erster und zweiter Deichlinie und kleinen Buchten.

Die Sumpfwurz *ist besonders kennzeichnend für die nassen Dünentäler.*

Die Feldlerche *ist ein typischer Weidevogel. Die Vögel treffen Ende Februar ein; die meisten sind im Juli schon wieder weg. Sie überwintern in Westafrika.*

Eine Auswahl von Naturlandschaften in Zeeland

1 Blumendeiche von Zuid-Beveland
2 Der Poel
3 Dünen von Schouwen-Duiveland
4 Fort Ellewoutsdijk
5 Feuchtgebiete von Noord-Beveland (S. 62)
6 Landgut Ter Hooge
7 Ertrunkenes Land von Zuid-Beveland
8 Nationalpark Oosterschelde (S. 44-45)
9 Deltapark Neeltje Jans (S. 61)
10 Oranjezon (S. 52)
11 Schenge
12 Schloss Haamstede (S. 38)
13 Etrunkenes Land von Saeftinghe (S. 79)
14 Vliedberg Berg von Troja
15 Yerseker Moer (S. 71)
16 Südküste von Schouwen
17 Zwaakse Weel
18 Het Zwin (S. 81)

Der Erdbeerklee *fühlt sich auf Küstensalzwiesen und anderen salzhaltigen Böden zu Hause.*

Die Ringelgans *ist ein Wintergast, lebte früher auf den ausgedehnten Seegrasflächen und frisst heute das Gras in den Feuchtgebieten.*

Besucherzentren in Zeeland
1 Besucherzentrum Saeftinghe (siehe oben und S. 79)
2 Plompe Toren (S. 39)
3 Zeeuwse Schafherde
4 Terra Maris (S. 52)
5 Oranjezon (S. 52)

Schmetterlinge *auf den blumenreichen Deichen des Zak van Zuid-Beveland.*

LEGENDE

- Städtische Bebauung
- 9 Naturlandschaft
- Besucherzentrum
- Wald
- Dünen und Strand

Queller *lässt sich als erste Pflanze auf emporwachsenden Schlickböden nieder. Später folgen Pflanzen, die Brackwasser bevorzugen, wie Strandbeifuß, Milchkraut und Strandsode.*

STICHTING HET ZEEUWSE LANDSCHAP (Stiftung Die Zeeuwse Landschaft)

Diese Stiftung sorgt seit 1936 für die Instandhaltung und Wiederherstellung von Naturlandschaften. Die Stiftung schützt Dutzende großer und kleiner Gebiete mit einer Gesamtfläche von gut 8000 ha. Die meisten Gebiete sind der Öffentlichkeit zugänglich, einige können nur im Rahmen einer Führung besucht werden.

Het Zeeuwse Landschap
Brugstraat 51, Wilhelminadorp,
Postbus 25, 4450 AA Heinkenszand.
Tel. *0113-569110.*
www.hetzeeuwselandschap.nl

Maritimes Zeeland

In der Provinz Zeeland spielt Wasser nicht nur eine zentrale Rolle, sondern es war seit jeher die Basis für verschiedene Aktivitäten, Ruhm und Abenteuer. Die Einwohner bauten Schiffe, trieben Handel, lieferten sich Seeschlachten und entdeckten unbekannte Orte. Middelburg, Vlissingen und Veere waren blühende Handelsstädte, bis die wirtschaftliche Bedeutung immer mehr nachließ und die Schiffe andere Häfen anliefen. Bis zur Erfindung von Eisenbahn und Auto war das Wasser die wichtigste Verkehrsstraße in Zeeland. Eine Flotte von Kähnen (Linienschifffahrt zwischen Binnenhäfen) und Fähren beförderten Waren und Passagiere zwischen den Inseln und dem Rest der Niederlande.

Fischereinummern
ARM *Arnemuiden,* ***BH*** *Brouwershaven,* ***BR*** *Breskens,* ***BRU*** *Bruinisse,* ***TH*** *Tholen,* ***VE*** *Veere,* ***VLI*** *Vlissingen,* ***YE*** *Yerseke und* ***ZZ*** *Zierikzee.*

Seehelden
Das Land, das selbstbewusst seine Söhne lobt und uns stolz ihre Namen nennt, Van Bestevaer und Joost de Moor, die Jahrhunderte lang verehrt werden sollen, von denen in den Historischen Blättern De Evertsen und Bankert genannt werden, das immer hoch in Ehren hält den unerschrockenen Naerebout. Aus der zeeländischen inoffiziellen Hymne

Die Reise von Jacob Roggeveen
1721 unternahm Jacob Roggeveen (1659-1729) im Auftrag der Westindischen Compagnie (WIC) seine berühmte Expedition zu dem unbekannten Land im Süden. Vom Schiff aus sah er am Ostersonntag eine "neue" Insel in der Stillen Südsee, der er den Namen Osterinsel gab. Einige Tage später landete er auf der Insel und entdeckte die berühmten riesigen Steinskulpturen.

Kaperfahrt
Die Kaperfahrt war im 16. und 17. Jahrhundert eine lukrative Beschäftigung. Die Kaperer erbeuteten im Auftrag der Obrigkeit feindliche Handelsschiffe oder Schiffe, die Schmuggelware transportierten. (Cornelis Lou, Kaperschiffe am Kai von Vlissingen).

Hoogaars

Nach dem Mittelalter wurden verschiedene Zeeuwse Schiffstypen entwickelt, wie Hoogars (klassischer Arbeitssegler), Hengst (kleines starkes Fischerfahrzeug), Zeeuwse schouw (Plattbodenschiff) und Bojer (Einmastsegelschiff). Nach dem Zweiten Weltkrieg wurden die meisten Zeeuwse Segelschiffe motorisiert. Das Muschelschiff YE 36 Andries Jacob ist die letzte Muschel-Hoogaars, die noch fährt. Weitere Informationen: **www.**hoogaars.nl

WEITERE INFORMATIONEN

Zeeuws maritiem muZEEum, Vlissingen *(S. 58-59)*

Stadhuismuseum, Zierikzee *(S. 35)*
Museumhaven, Zierikzee *(S. 35)*

Brusea, Bruinisse *(S. 37)*

MARITIMES ZEELAND
J.C. Haccou, Beurtschepen vor der Küste von Walcheren

Fischerei

Im 14. Jahrhundert war das Heringfischen der wichtigste Zweig der Fischerei. Das Buisschiff mit seinem offenen Vordeck und genug Platz für die Lagerung, Netze und Salz war das Heringschiff par excellence. Heute besteht die Fischerei aus der Meeres- und Küstenfischerei und der Zucht von Fischen und Schalentieren. Die Heimathäfen der fünfzig Zeeuwse Kutter sind Vlissingen, Breskens oder Colijnsplaat, wo sich auch die Fischversteigerungen befinden. Yerseke ist das Zentrum der Muschel- und Austernzucht. (F. Hendrikse, N19 auf trockengefallener Sandbank)

Sklavenhandel

Die West-Indische Compagnie (WIC) und die Middelburgse Commercie Compagnie (MCC) waren von 1632 bis 1804 aktiv im Sklavenhandel. Die Schiffe fuhren von Zeeland nach Westafrika, anschließend mit afrikanischen Sklaven nach Surinam oder Curaçao und zum Schluss mit einer neuen Ladung (vor allem Zucker) wieder nach Hause.

Der Kampf gegen das Wasser

Die Einwohner Zeelands haben Jahrhunderte lang gegen das Wasser gekämpft. Mit vereinten Kräften wurde das Land dem Meer abgetrotzt. Etwa im Jahr 1000 wurden die ersten Fahrrinnen abgedämmt und undichte Stellen in den natürlichen Ufern abgedichtet. Zwei Jahrhunderte später warfen die Mönche aus den Abteien von Ten Duinen (Koksijde) und Ter Doest (bei Brügge) die ersten Deiche auf. Und obwohl das Meer Wohlstand brachte, dauerte der Kampf gegen das Wasser an. Von Zeit zu Zeit wurde Zeeland von schweren Sturmfluten und Deichbrüchen heimgesucht, wobei Polder verloren gingen.

STURMFLUTEN

Von einer Sturmflut wird gesprochen, wenn der Tidenhöchststand das mittlere Tidenhochwasser um 1,50 Meter übersteigt.

26. Dezember 838 *Sturmflut*

1014 *Die zweite Flut*. Großer Schaden auf Walcheren.

19. November 1404 *Erste St. Elisabethsflut*. Das Gebiet "De Grote Waard" ging verloren.

18. November 1421 *Zweite St. Elisabethsflut*. Entstehung des Biesbosch.

5. November 1530 *St. Felix Quade Saterdach*

1. November 1532 *Allerheiligenflut*. Noord-Beveland und Sint-Philipsland verschwinden in den Fluten.

1. November 1570 *Allerheiligenflut*. Viel Schaden auf den Zeeuwse Inseln.

26. Januar 1682 *Springflut*. Viele Polder werden überschwemmt.

24. Dezember 1717 *Weihnachtsflut*

15. Januar 1808 *Sturmflut*

12. März 1906 *Sturmflut*. In Zeeland werden 25 Polder überschwemmt.

1. Februar 1953 *Flutkatastrophe* (Februarkatastrophe) Anlass zum Bau der Deltawerke.

Stormvloeden
J. Luyken (1702), Stormvloeden van 1682 en 1686

Wasserverband Scheldestromen
Den Wasserverband Scheldestromen gibt es seit 1. Januar 2011. Er wartet die Wehren (1084 km), säubert das Abwasser, kümmert sich um den Wasserstand in den Poldern und verwaltet die Landwege (3866 km), Wasserläufe (11.909 km), Brücken und Düker (2955 Stück), Wasser- (49 Stück) und Stauwerke (1068 Stück in Zeeland). Mehr Informationen: **www**.scheldestromen.nl

TIJDBALK

1950 Brielse Maasdam Brielse Gatdam

1952 Braakmandam

1953 Flutkatastrophe Einsetzung Delta-kommission

Flutkatastrophe 1953

1958 Stormvloedkering Hollandse IJssel

1959 Deltawet

Zandkreekdam

1960 Zandkreekdam

1961 Veerse Gatdam

1965 Grevelingendam Zeelandbrug*

Haringvlietdam

1972 Haringvlietdam

1950 | 1960 | 1970

Sturmflutwehr Oosterschelde

DELTAWERKE

Seit 1939 wurden in Bezug auf die Sicherheit der Niederlande Untersuchungen durchgeführt. Der erste Deltaplan umfasste die phasenweise Abdämmung der Westerschelde, der Oosterschelde, des Haringvliet und des Brouwershavensche Gat. Die Flutkatastrophe von 1953 beschleunigte den Prozess. Sofort nach der Katastrophe wurde die Delta-Kommission eingesetzt, deren Rat kurz und bündig lautete: "Alle Meeresarme schließen, außer Westerschelde und Nieuwe Waterweg, die für die Schifffahrt offen bleiben müssen." 1958 wurde das erste große Werk, die Stormvloedkering in der Hollandse IJssel, fertiggestellt. Zwei Jahre später war der erste Damm fertig: der Zandkreekdam. Die Öffnung der Maeslantkering im Jahre 1997 bildete den Abschluss der Deltawerke. Die Deiche entlang Westerschelde und Nieuwe Waterweg wurden auf "Deltahöhe" gebracht. Durch den Bau der Oosterscheldekering mussten extra Dämme gebaut werden. Oester- und Philipsdamm trennen das Salzwasser vom Süßwasser des Rijn-Scheldekanals.
Weitere Informationen: **www**.deltawerken.com.

1977 Volkerakdam

1980

1983 Markiezaatskade

1984 Haringvlietbrug

1986 Oosterscheldekering Bathse Spuikanaal und Bathse Spuisluis

1987 Philipsdam

1988 Oesterdam

1990

Waterschap Scheldestromen

1997 Maeslantkering

2000

2003 Westerscheldetunnel*

2011 Fusion Wasserverbände

2011 25 Jahre Oosterschelde-Sturmflutwehr (Oosterscheldekering)

2015 Alle Seedeiche auf Deltahöhe

Installation des ersten Schiebers im Sturmflutwehr

* auf die Deltawerke bezogenes Projekt.

DIE GESCHICHTE ZEELANDS

Wappen von Zeeland

Mit dem Motto *Luctor et emergo* (Ich ringe und komme nach oben) zogen die Einwohner Zeelands in den Achtzigjährigen Krieg zum Kampf gegen die Spanier. Bereits seit dem 7. Jahrhundert bekämpften die Bewohner ihren größten Feind: das Wasser. Die Geschichte Zeelands ist eine lange Erzählung von Überschwemmungen und Eindeichungen, Bewohnen und Verlassen der Wohnorte, Landgewinnung und Landverlust, Wohlstand und Katastrophen. Die ersten Bewohner ließen sich um 2500 v.Chr. auf den Strandwällen nieder. Im 3. Jahrhundert v.Chr. zwang das ständig steigende Meer die Bevölkerung zum Verlassen der Wohngebiete. Gegen Ende des 1. Jahrhunderts n.Chr. waren große Teile Zeelands wieder bewohnbar. Zeeland gehörte damals zum mächtigen römischen Weltreich. Um das Jahr 300 verschwand fast das ganze Gebiet wieder unter Wasser, und es blieb nur ein schmaler Küstenstreifen bewohnbar. Nach dem Jahr 700 wohnten wieder mehr Menschen auf den so genannten Kreekruggen (Erhöhungen durch Versandung eines Priels), die als sichere Niederlassungsorte aus dem Moor ragten. Im Spätmittelalter war Zeeland der Spielball der Grafen von Holland und Flandern, die einander die Macht über die Region streitig machten. 1323 kam Zeeland definitiv zu Holland. Entlang der Meeresarme entwickelten sich wohlhabende Handelsstädte wie Middelburg, Veere, Reimerswaal, Zierikzee und Sluis. Im 15. und 16. Jahrhundert wurde Zeeland von schweren Überschwemmungen heimgesucht. Auch der Achtzigjährige Krieg (1568-1648) richtete schwere Schäden an. Vor allem Zeeuws-Vlaanderen war der Kriegsschauplatz der spanischen und niederländischen Truppen. Das 17. Jahrhundert brachte Zeeland großen Wohlstand, langsam verlagerte sich der wirtschaftliche Schwerpunkt jedoch zu den holländischen Städten. Das 18. Jahrhundert war eine Periode, in der man von den angehäuften Reichtümern zehrte. Im 19. Jahrhundert war Zeeland eine dünn bevölkerte Provinz, in der die Landwirtschaft die wichtigste Einkommensquelle war. Der Zweite Weltkrieg hinterließ tiefe Spuren: Middelburg (1940) und Teile von Zeeuws-Vlaanderen (1944) wurden zerstört und Walcheren wurde überflutet (1944). Nach der Flutkatastrophe vom 1. Februar 1953 wurde der Deltaplan beschleunigt ausgeführt. Durch die Ingebrauchnahme des Maeslantwehrs, des Sturmflutwehrs im Nieuwe Waterweg bei Hoek van Holland, wurde der Deltaplan 1997 vollendet.

Karte von Zeeland im Goldenen Zeitalter

◁ Frau im Gemüsegarten (bei Sluis), Gemälde von Rudolphe Wytsman (1860-1927)

Zeeland im Laufe der Jahrhunderte

Silberne Toiletten-garnitur (9. Jh.)

Zeeland war schon vor der Zeit der Römer bewohnt. Seit dem Mittelalter zieht sich der Kampf gegen das Wasser wie ein roter Faden durch die Geschichte Zeelands. Landgewinnung und Landverlust wechselten einander ab. Im 16. und 17. Jahrhundert erlebte Zeeland eine große Blütezeit. Im 18. Jahrhundert nahm der Wohlstand ab. Der Zweite Weltkrieg hinterließ infolge von Kampfgewalt, Bombardierungen und Inundationen schwere Schäden. In der Nacht vom 31. Januar zum 1. Februar 1953 wurde die Provinz von einer Flutkatastrophe schwer getroffen. Nach "der Katastrophe" wurde der Deltaplan beschleunigt ausgeführt.

RINGWALLBURGEN IN ZEELAND (Ende 9. Jahrhundert)

▪ *Ringwallburg*

Nehalennia-Altar
Die Göttin Nehalennia war keine römische, sondern eine "Zeeuwsche" Göttin. Sie war die Beschützerin der Kaufleute, die über die Nordsee fuhren. Die Göttin wurde oft auf einem Thron sitzend abgebildet.

ZEELAND UM 1900

Um 1900 machte Henri Cassiers (1858-1944) mehrere folkloristische Bilder von Zeeland.

Warften
Im 11. Jahrhundert warfen die Bewohner Zeelands künstliche Erhöhungen von 1 bis 2 m auf, um sich gegen das Wasser zu schützen. Im 12. und 13. Jahrhundert wurden diese Warften auf 5 bis 12 m hohe "Berge" erhöht. Auf diesen Warften erhoben sich hölzerne, später steinerne Verteidigungstürme.

Handelskompanien
Zeeland erlebte nach 1585 sein "Goldenes Zeitalter". Die Provinz war Mitglied der Vereinigten Ostindischen und später auch der Westindischen Kompanie, Gesellschaften, die den Handel mit Ost- und Westindien beherrschten. Jedes Jahr fuhren viele Handelsschiffe nach Indonesien und kehrten mit reicher Ladung zurück.

Ringwallburgen
Die Ringwallburgen wurden gegen 885 zum Schutz der Bevölkerung gegen die Invasionen der Normannen errichtet. Die Burgen bestehen aus einer kreisförmigen Verstärkung, die von einer Gracht und einem Erdwall umgeben ist.

ZEELAND IM ZWEITEN WELTKRIEG: DIE SCHLACHT UM DIE SCHELDE

Explosion bei Vlissingen

Im Hinblick auf die Landung der Alliierten, die letztendlich im Juni 1944 stattfand, führten die Deutschen in großem Umfang Inundationen aus. Große Teile u.a. von Tholen, St. Philipsland und Schouwen-Duiveland wurden unter Wasser gesetzt.
Antwerpen war am 4. September 1944 den Alliierten in die Hände gefallen, der Weg zur Nordsee wurde jedoch von den Stellungen der Deutschen noch vollständig beherrscht. Im Oktober und November 1944 wütete im Norden von Belgien und im Südwesten der Niederlande ein verbissener Kampf um die Scheldemündung. Die **Schlacht um die Schelde** fand in vier Phasen statt. Die erste Operation war die Befreiung des Gebietes nördlich von Antwerpen, die zweite die Eroberung von Zeeuws-Vlaanderen, die dritte die Eroberung von Zuid-Beveland und als vierte – Operation *Infatuate* – die Befreiung von Walcheren, das die Deutschen zu einer starken Festung umgebaut hatten. Nach heftigen Kämpfen wurden die südlichen Ufer der Westerschelde von den Deutschen erobert. Oostburg, Schoondijke und Breskens wurden fast dem Erdboden gleichgemacht. Aardenburg, Eede und Sluis erlitten schwere Schäden. Am 1. November 1944 wurde Sluis als letzter Ort in Zeeuws-Vlaanderen befreit. Um die Deutschen von Walcheren zu vertreiben, beschlossen die Alliierten, die Deiche an vier Stellen zu bombardieren. Am 1. November 1944 fanden Landungen in Vlissingen, Westkapelle und über den Sloedam statt. Nach schweren Kämpfen wurde Walcheren am 8. November 1944 befreit. Am 28. November erreichte der erste Konvoi der Alliierten den Hafen von Antwerpen. Am 13. März 1945 setzte Königin Wilhelmina nach ihrem Aufenthalt in England in Eede zum ersten Mal wieder Fuß auf niederländischen Boden.

Die Sturmflutkatastrophe
In der Nacht vom 1. Februar 1953 wütete ein schwerer Nordweststurm entlang der niederländischen Küste. Der Sturm fiel mit einer Springflut zusammen und verursachte nicht zuletzt infolge des schlechten Zustands der Deiche in großen Teilen von Zeeland, Südholland und Westbrabant Überschwemmungen. In Zeeland kamen 864 Menschen ums Leben. Am 6. November 1953 wurde die letzte undichte Stelle bei Ouwerkerk auf Schouwen-Duiveland abgedichtet.

Deltaplan
Direkt nach der Sturmflutkatastrophe im Februar wurde die Deltakommission eingesetzt. Der Rat der Kommission lautete: "Alle Meeresarme schließen, außer Westerschelde und Nieuwe Waterweg, die für die Schifffahrt offen bleiben müssen." 1958 wurde das erste große Werk, das Sturmflutwehr in der Hollandse IJssel, fertiggestellt; 1997 das letzte: das Sturmflutwehr im Nieuwe Waterweg (siehe S. 13)

VERANSTALTUNGSKALENDER ZEELAND

In Zeeland werden von April bis September in den zeeländischen Städten und Dörfern zahlreiche festliche Veranstaltungen, Jahrmärkte, Kirmessen, Hafenfeste und kulturelle Festivals organisiert. Die Fischereitage, Hafentage und das Ringreiten sind typisch Zeeuwse Feste. Auch Museen, Galerien und Theater bieten ein variiertes Programm. Die Touristenbüros können über die genauen Daten, Anfangszeiten und Örtlichkeiten weitere Informationen erteilen. Während der Ferienzeit erscheint eine Zeitung über Freizeitgestaltung mit einer Übersicht über alle Veranstaltungen. Das VVV Zeeland (**www**.vvvzeeland.nl/evenementen) bietet eine vollständige Übersicht aller Veranstaltungen in Zeeland.

Musterung der Zugpferde während des Folkloristischen Tages in IJzendijke

APRIL

Museumweekend *(zweites Wochenende), Jedes Jahr hat ein eigenes Thema.* **www**.zeelandmuseumland.nl
Koningsdagfestiviteiten *(27. April)* in ganz Zeeland.

MAI

Bevrijdingsfestival Zeeland *(5. Mai)*, Vlissingen. Musik, Tanz und Diskussionen. **www**.bevrijdingsfestivalzeeland.nl
Renessedag *(Sa nach Christi Himmelfahrt)*, Renesse. Traditionelle Aktivitäten mit Sport, Spiel und Straßenfest.
Ringrijden *(Mitte Mai)*, Domburg, Oost-Souburg und Vrouwenpolder. **www**.ringrijden.nl
Verrassend Colijnsplaat *(Mai-Oktober)*, Colijnsplaat. Führungen entlang die Fischversteigerung und verschiedene andere Denkmäler.
Zeeuwse fietsdag *(Anfang Mai)*. Zeeland im Zeichen von Radfahren, Radfahren und... Radfahren **www**.zeeuwsefietsdag.nl
Internationaal Jazz Festival, Middelburg. Dreitägiges. Das internationales Jazzfestival. **www**.jazzmiddelburg.nl *(Pfingsten.)*

JUNI

Middelburg vól-koren *(erstes Wochenende)*, Middelburg (an verschiedenen Orten in der Innenstadt). Auftritte von Chören, Sängergruppen und Ensembles. **www**.middelburgvolkoren.nl
Paardenmarkt *(Anfang Juni)*, Zierikzee, Straßenfest.
Anywave *(Anfang Juni)*, Zierikzee. Popmusikfestival. **www**.brogum.nl
Kunstschouw *(dritte Woche)*, Westerschouwen. Ausstellung bildende Künste. **www**.kunstschouw.nl
Zeeuwse dag van het paard *(Ende Juni)*, Vrouwenpolder. **www**.zeeuwsedagvanhetpaard.nl
Schaapscheerdersfeest *(dritter Samstag)*, Nisse. Handwerkliche und folkloristische Aktivitäten. **www**.schapenboerderij.nl
Antiek-, ambachten- en rozenmarkt *(Mitte Juni-Ende Aug.)*, Middelburg. Der Fischmarkt in Middelburg ist die Bühne eines variierten Marktes.
Internationaal Muziekfeest Middelburg *(Juni)*, Middelburg. Kammermusik mit Solisten. **www**.kamer-muziek.nl
Havendagen *(Ende Juni)*, Terneuzen. Rundfahrten mit historischen Schiffen und Hafenmarkt. **www**.havendagen-terneuzen.nl
Southpark Festival *(Ende Juni)*, Meiveld, Middelburg. Multikulturelles Festival mit Musik, Kunst, Tanz und Theater. **www**.southparkfestival.nl
Concert at Sea, *(Mitte Juni)*, Brouwersdam. Großes zweitägiges internationales Popfestival. (Schouwen-Duiveland). **www**.concertatsea.nl
Scheldejazz, Terneuzen. Das Jazzfestival des südwestlichen Teils der Niederlande. **www**.scheldejazz.nl *(Pfingsten.)*

Havendagen Terneuzen

JULI

Molenstraatfeesten *(Anfang Juli)*, Kloosterzande. Straßenfest mit Aktivitäten. **www**.molenstraatfeesten.nl
www.southparkfestival.nl
Festival Onderstroom *(Anfang Juli)*, Vlissingen. Festival mit Theater, Musik und Kunst auf verschiedenen Zonen in die Stadt.

Zomeravondconcerten aan Zee *(Juli-Aug.)*, Konzerte in den kleinen Kirchen des westlichen Teils von Zeeuws-Vlaanderen. **www.**zomeravondconcenrten aanzee.nl

Festival Onderstroom *(Anfang Juli)*, Vlissingen. Festival mit Theater, Musik und Kunst. **www.**onderstroom.info

Eerste Folkloristische Dag *(Do, Mitte Juli)*, Middelburg (Abdijplein). Ringreiten in Middelburg. **www.**ringrijden.nl

Pastorale au Parvis *(zweiter Sa Juli)*, Nisse. Musikfestival mit leichter, klassischer, Welt-, Folk-, Volks- und Rootsmusik. **www.**pastorale.nl

Brouwse Dag *(zweites Wochenende)*, Brouwershaven (Markt). Musikfestival und Straßenfest. **www.**brouwsedag.nl

Culturele Week *(Mitte Juli)*, Aardenburg. Musikauftritte und Aufführung eines Schauspiels rund um die St. Baafskerk (Kirche).

Zweiter Folkloristischer Tag

Folkloristische Dag *(Mitte Juli)*, IJzendijke. Aktivitäten und Ringreiten auf dem Markt.

Mosselfeesten *(Ende Juli)*, Middelburg. Muscheln und andere Meeresfrüchte genießen. **www.**mosselfeesten.nl

Visserijdagen *(Mite Juli)*, Bruinisse. Kinderaktivitäten und eine Flottenschau. **www.**visserijdagen-bruinisse.nl

City of dance *(Sa, Ende Juli)*, Middelburg. Tanzevent in den Straßen Middelburgs. **www.**danceparade middelburg.nl

Das Festivalgelände von Film by the Sea in Vlissingen

AUGUST

Midzomernachtmarkt *(Anfang Aug.)*, Vlissingen (Boulevard). Der längste Markt mit 350 Buden, Markthändlern, Podien und Vorführungen alter Handwerksberufe.

Visserijdagen *(Anfang Aug.)*, Breskens. Großveranstaltung mit Auftritten bekannter niederländischer Künstler, einem großen Straßenfest, Kirmessen und Kinderattraktionen. **www.**visserijfeesten.nl

Palingroken (Aal räuchern) *(Anfang Aug.)*, Kerkwerve. Offene Zeeuwse Meisterschaft. **www.**recreatievanlangeraad.nl

Tweede Folkloristische Dag *(Anfang Aug.)*, Middelburg (Molenwater). Der Wettkampf im Ringreiten von Zeeland. **www.**ringrijden.nl

Colijnsplaatse Dagen *(Mitte Aug.)*, Colijnsplaat. Tag der offenen Tür in der Fischversteigerung. **www.**colijnsplaatsedagen.nl

Burghse Dag *(zweiter Sa)*, Burgh-Haamstede. Folkloristischer Tag u.a. mit Ringstechen, Vorführungen alter Handwerksberufe und Volkstrachten. **www.**burghsedag.nl

Vlasdag *(dritter Sa)*, Dreischor. Die Tradition der Flachsverarbeitung lebt in Dreischor wieder auf.

Mosseldag *(dritter Sa)*, Yerseke. Verschiedene festliche Aktivitäten zum Thema Muschel in Muscheldorf Yerseke. **www.**mosseldagyerseke.nl

Havendagen Zierikzee *(Ende Aug.)*, Zierikzee. Musik, Straßenfest und andere festliche Veranstaltungen rund um den Hafen. **www.**havendagzierikzee.nl

Mosselfesten *(letztes Wochenende)*, Philippine. **www.**mosselstad.nl

Zeeland Nazomerfestival *(Ende Aug.-Anfang Sept.)*, Middelburg. Musik, Theater, bildende Künste und Literatur in der Zeeuwse Landschaft. **www.**nazomerfestival.nl

SEPTEMBER

Ringreiten *(Anfang Sept.)*, Oost Souburg.

Open Monumentendag *(zweites Wochenende)*, Zeeland. Denkmäler öffnen ihre Türen. **www.**openmonumentendag.nl

Film by the Sea *(Anfang Sept.)*, Vlissingen (Cine City). Film-festival. **www.**filmbythesea.nl

Jazz by the Sea *(Mitte Sept.)*, u.a. Domburg. **www.**jazzbythesea.nl

Muziek Monumentaal *(Anfang Sept.)*, an verschiedenen Orten auf Schouwen-Duiveland. Spätsommerfestival Weltmusik. **www.**muziekmonumentaal.nl

FEIERTAGE

Neujahrstag (1. Januar)
Koningsdag (27. April)
Befreiungstag (5. Mai; einmal alle fünf Jahre)
Karfreitag (Freitag vor Ostern)
Ostern (März oder April)
Himmelfahrtstag (Mai)
Pfingsten (Mai oder Juni)
Weihnachten (25. und 26. Dez.)

Middelburg im Überblick: Rund um die Abtei

Auf dem heutigen Stadtplan von Middelburg ist die mittelalterliche Burg noch immer zu erkennen. Lange Delft, Korte Delft, Sint-Pieterstraat, Wagenaarstraat, Hofplein, Lange Noordstraat und Markt bilden den Außenring des Burggeländes. Die Nieuwe Burg wurde nach 1940 errichtet und verbindet den Markt mit der Abtei, dem geistigen und Verwaltungs-Zentrum Zeelands. Die Sint-Jorisdoelen und das Van de Perrehuis erinnern an die reiche Vergangenheit der Stadt.

Sint-Jorisdoelen

Die älteste Holzfassade

Sint-Petrus und Pauluskirche

★ Van de Perrehuis
Das alte Hauptgebäude und der neue Flügel bilden ein harmonisches Ganzes.

Bogaardstraat
Viele Häuser tragen Namen von Hafenstädten, Handwerksberufen und biblischen Geschichten.

Donderdagmarkt
Schon seit dem Mittelalter findet jeden Donnerstag der Markt statt.

★ Stadhuis
Detail der reich verzierten Fassade des Rathauses.

NICHT VERSÄUMEN

- ★ Abdijkerken
- ★ Stadhuis
- ★ Van de Perrehuis

Lange Jan
Der schlanke Abteiturm bekam schon bald den Beinamen Lange Jan.

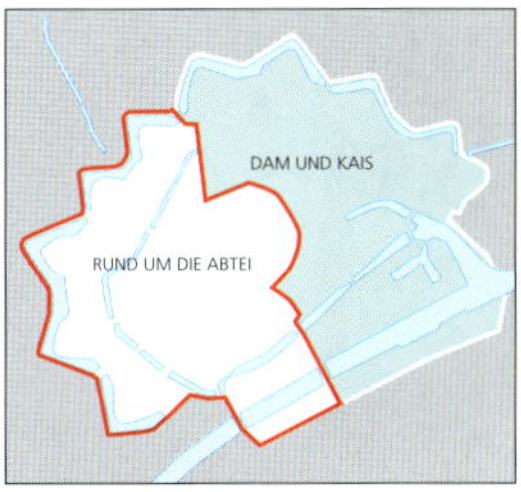

ZUR ORIENTIERUNG
Siehe Stadtplan vordere Umschlagklappe.

★ **Abdijkerken**
Die Koorkerk hat eine schlichte Innenausstattung.

Koorkerkstraat
Kleiner Platz am Fuß des Lange Jan.

Nieuwe Burg
Fußgängerzone zwischen Markt und Abtei.

LEGENDE

Routenempfehlung

Stadhuis

Sonnenuhr

Ab 1452 waren acht Mitglieder des berühmten Baumeistergeschlechts Keldermans aus Mechelen am Bau des Rathauses beteiligt. 1460 wurde das Rathaus mit seiner reich verzierten spätgotischen Fassade vollendet. Nach einem Brand im Jahre 1492 wurde das Rathaus wiederaufgebaut und über der Vleeshal entstand ein Gewandhaus. P.J.H. Cuypers führte zwischen 1881 und 1918 eine eingreifende Restaurierung durch. Am 17. Mai 1940 wurde das Rathaus bei einem Bombardement zerstört. Beim Wiederaufbau wurde die gotische Fassade wiederhergestellt. 2004 zog die Stadtverwaltung in ein Gebäude am Kanaalweg.

★ Burgerzaal
Zwischen Gewandhaus und Tonnengewölbe befand sich ursprünglich eine Räucherkammer. Im Laufe der Zeit wurde der Saal vollständig umgebaut. Nach 1940 erhielt er eine andere Bestimmung: Empfangssaal der Stadt.

Vleeshal
In der Fleischhalle wurde der Überrest einer Original-Grafenstatue aufgestellt.

★ Spätgotische Fassade
Der Eingang wurde 1613 von der Lange Noordstraat zur Marktseite verlegt.

NICHT VERSÄUMEN

- ★ Burgerzaal
- ★ Bemalter Grabstein
- ★ Spätgotische Fassade

DIE ROOSEVELT ACADEMY

Ein großer Teil des Rathauses wird von der Roosevelt Academy benutzt. Die Akademie wurde von der Universität Utrecht und der Hochschule Zeeland gegründet und organisiert englischsprachige Bachelor-Ausbildungen.

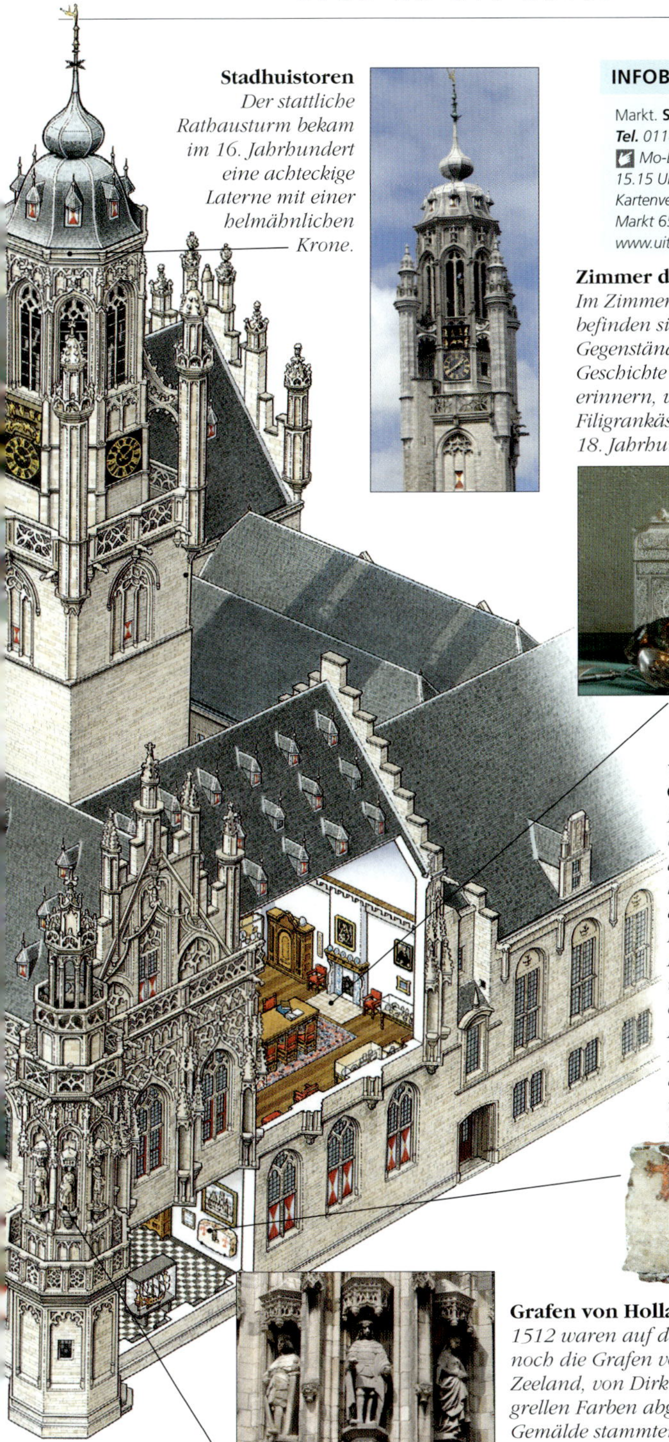

Stadhuistoren
Der stattliche Rathausturm bekam im 16. Jahrhundert eine achteckige Laterne mit einer helmähnlichen Krone.

INFOBOX

Markt. **Straßenkarte** 1 C3.
Tel. *0118-674300.*
Mo-Do und Sa-So 11.30 und 15.15 Uhr.
Kartenverkauf im Touristenbüro, Markt 65c. 0118-674300
www.uitinmiddelburg.nl

Zimmer des Bürgermeisters
Im Zimmer des Bürgermeisters befinden sich verschiedene Gegenstände, die an die reiche Geschichte Middelburgs erinnern, wie z.B. ein silbernes Filigrankästchen aus dem 18. Jahrhundert.

★ Bemalter Grabstein
Fragment eines bemalten Grabsteins aus der Westmonsterkerk. Auf dem Stein, der 1998 bei der Neugestaltung des Marktes gefunden wurde, befindet sich eine Abbildung von Antonius Abt. Die Bauern wandten sich an diesen Heiligen, wenn ihr Vieh krank war.

Grafen von Holland und Zeeland
1512 waren auf der Fassade damals noch die Grafen von Holland und Zeeland, von Dirk V bis Karl V, in grellen Farben abgebildet. Die Gemälde stammten von dem flämischen Künstler Michiel Ywijnsz aus Mecheln.

Abdijcomplex (Abteicomplex)

Detail Klosterhof

Mönche der Abtei von Voormezele (bei Ieper in West-Flandern) bauten 1123 in der Burg ein Kloster, das 1127 dem Orden der Norbertiner (Prämonstratenser oder – der Farbe ihrer Kutte entsprechend – Weißherren) der Abtei St. Michiel aus Antwerpen übertragen wurde.

Das Kloster breitete sich im Laufe der Jahrhunderte stark aus; der Abt war einer der mächtigsten Herren in Zeeland. Nach der Reformation wurde die Abtei der Sitz der Bezirksverwaltung. Am 17. Mai 1940 wurde der Komplex zum größten Teil durch die deutschen Bombenangriffe zerstört. Nach dem Zweiten Weltkrieg wurde der Abteikomplex restauriert und in seinem alten Glanz wiederhergestellt. Heute befindet sich in dem Komplex die Provinzialverwaltung, das Zeeuws Museum und das Roosevelt Studienzentrum.

Statenzaal
Die Provinzialstände halten ihre Sitzungen im ehemaligen Refektorium der Abtei, einem gotischen Saal aus dem 16. Jahrhundert, ab.

★ Kloostergang
Der stimmungsvolle Kreuzgang umschließt den Klosterhof mit seinem Kräutergarten.

Nieuwe Kerk

★ Lange Jan
Der schlanke Abteiturm bestimmt die Silhouette von Middelburg.

Koorkerk

Grafmonument
Grabmal in der Tussen- oder Wandelkerk der 1666 im Krieg gefallenen Brüder Johan und Cornelis Evertsen. Das Grabmal wurde 1680 von Rombout Verhulst ausgeführt.

NICHT VERSÄUMEN

- ★ Kloostergang
- ★ Lange Jan
- ★ Zeeuwse Wandtapijten

★ Zeeuwse wandtapijten
Die sechs Wandteppiche sind die Glanzstücke des Zeeuws Museums. Sie berichten vom Kampf der Einwohner gegen die Spanier im Achtzigjährigen Krieg.

INFOBOX

Abdijcomplex. Straßenkarte 1-2 C-D3.
Schauen in Kirchen und Synagoge
Start: *Wandelkerk. Besichtigung von verschiedene Kirchen und Synagogen im Zentrum.*
Juni-Aug. Do 13.30 Uhr.
www.middelburgsekerken.nl

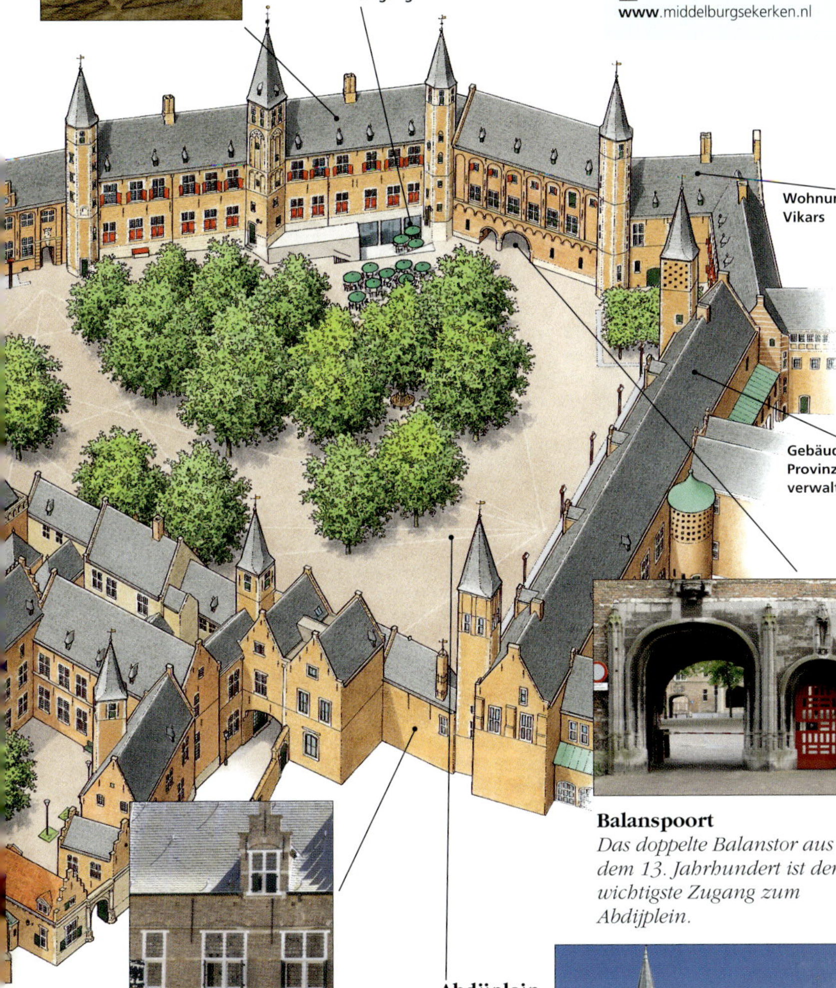

Balanspoort
Das doppelte Balanstor aus dem 13. Jahrhundert ist der wichtigste Zugang zum Abdijplein.

Thoolse huis
Hier übernachteten die Abgesandten der Stadt Tholen.

Abdijplein
Die Bäume und die spezielle Pflasterung des Abteiplatzes schaffen eine besondere Atmosphäre. Die Neugestaltung erfolgte nach dem Entwurf von Cees Dam.

Abdijcomplex

S. 24-25.

Abdijkerken

Onder den Toren. **Straßenkarte** 2 D3. *Mo-Sa 10.30-17 Uhr. So 13.30-17 Uhr.*

Nach der Errichtung der Abtei wurde Anfang des 12. Jahrhunderts eine romanische Klosterkirche gebaut, an deren Stelle 1255 eine größere romanisch-gotische Kirche kam, die heutige **Koorkerk**. Kurz danach entstand auf der Westseite eine Pfarrkirche, die Sint Nicolaas gewidmet war (jetzt **Nieuwe Kerk**). Nach der Reformation fanden ab 1577 in der Nicolaaskirche protestantische Gottesdienste statt, ab 1597 auch in der Koorkerk. De **Tussenkerk,** der abgetrennte westliche Teil der Koorkerk, wurde 1650 als Illustre Schule eingerichtet. Am 17. Mai 1940 gingen die Kirchen bei dem deutschen Bombardement in Flammen auf. Zwischen 1941 und 1954 wurden die Kirchen in alter Pracht wiederhergestellt. Sie haben eine schlichte Einrichtung mit Kirchenbänken und Kanzel.

Blick vom Lange Jan auf die Innenstadt

Statt der hohen hölzernen Tonnengewölbe entstanden nach 1560 in der Koorkerk gemauerte Gewölbe und ein prachtvoller gelb-schwarzer Mosaikboden.
In einer Nische befindet sich das vermeintliche **Grabmal** des Grafen Wilhelm II. von Holland und Zeeland. Eine Empore trennt die Koorkerk von der Tussen- oder Wandelkerk. Vor der Nordwand befindet sich das Grabmal der Brüder Johan und Cornelis Evertsen, die beide in der Viertägigen Seeschlacht (1666) starben. Gegenüber diesem Grabmal befindet sich die gewölbte Turmkapelle des Abteiturmes (Ausstellungsraum). Die Nieuwe Kerk erhielt erst nach dem großen Brand von 1568 ihre heutige Form und Größe.

Restaurierung der Abdijkerken nach dem deutschen Bombardement

Abdijtoren oder Lange Jan

Onder den Toren. **Straßenkarte** 2 D3. *April-Okt. Mo 13–16 Uhr, Di-So 10-16 Uhr (Juli-Aug. tägl. 11-17 Uhr).* **www.**langejanmiddelburg.nl

Nach 1350 wurde mit dem Bau des achteckigen Abteiturms begonnen. Nach einem Brand im Jahre 1712 erhielt der Turm eine neue Krone mit Uhrwerk, Glockenspiel und Laterne sowie eine zwiebelförmige Spitze. Beim Wiederaufbau nach 1940 wurde der Turm teilweise im alten Stil wiederhergestellt. Wer die 207 Stufen hochsteigt, wird mit einer wunderschönen Aussicht belohnt.

Van de Perrehuis (Zeeuws Archief)

Hofplein 16. **Straßenkarte** 1 C3. ***Tel.*** *0118-678800.* **www.**zeeuwsarchief.nl *Ausstellungen: Di-Fr und Erste Sa des Monats 9-17 Uhr.*

Das auffällige Gebäude mit der gebogenen Vorderfront trägt den Namen von Johan Adriaan van de Perre, der 1763 diesen luxuriösen Stadtpalast in Auftrag gab. 1838 wurde das Gericht in dem Stadtpalast untergebracht. 1995 zog die Justizbehörde in ein neues Gebäude am Kousteensedijk. Nach einer umfassenden Restaurierung fand im Jahre 2000 das **Zeeuws Archief** hier ein Unterkommen. Auf der Ostseite entstand ein dreieckiges transparentes Archivgebäude. Das Tor, das von der Brauerei "de Dreie Tonnekens" (1620) stammt, gewährt Zugang zum Archiv. Im Keller organisiert das Zeeuws Archief regelmäßig Ausstellungen.

Zeeuws Museum

Abdij. **Straßenkarte** 2 D3.
Tel. *0118-653000.*
www.zeeuwsmuseum.nl
Di-So 11-17 Uhr.

Im Museum befinden sich die weltberühmten Wandteppiche aus dem 16. Jahrhundert (siehe Kasten), wunderschöne Porzellan- und Gemäldesammlungen, überraschende Mode und die "Wunderkammern" mit Kunstwerken aus Niederländisch-West- und Ost-Indien und Zeeland. Außerdem werden eindrucksvolle Wechselausstellungen organisiert. Die Kollektion *Mode* wird in origineller Weise präsentiert und beweist, dass die zeeländischen Basiselemente wie Klappenhose, Kamisol, Schürze, Mieder und Ohreisen Jahrhunderte lang besonders farbenfreudig und überschwänglich waren. Der Geschichtsflügel enthält die Glanzstücke der Zeeuwse Geschichte.

Ich bin eine Zeeländerin

Fundgegenstände aus der Prähistorie und der römischen Zeit illustrieren die frühe Geschichte.
Etwas ganz Besonderes ist die Votivtafel mit der Göttin Nehalennia von 150-250 n.Chr. Auch aus der burgundischen und spanischen Zeit sind prachtvolle Altarbilder, Silberarbeiten, Pilgerfahrtinsignien und Kunstgegenstände zu besichtigen. Im Gemäldesaal hängt eine Übersicht der Maler, die ab dem 16. Jahrhundert in Zeeland arbeiteten. Im 20. Jahrhundert malten Piet Mondriaan, Jan Toorop und seine Tochter Charley Toorop in Domburg. In den Vitrinen prunkt chinesisches und japanisches Porzellan, das die VOC mitbrachte und das für die Zeeuwsen Glasschränke bestimmt war. Die *Wunderkammern* zeigen Kuriositäten und Andenken, die die Zeeländer von ihren fernen Reisen mitbrachten. Das Kabinett *Oost* beherbergt die asiatischen Sammlungen mit Glanzstücken wie u.a. zeremonielle malaiische Dolche und wunderschön bearbeitete Objekte aus Elfenbein. Im Kabinett *West* werden seltsame Gegenstände aus Westafrika und Amerika gezeigt, wie reich verzierter Schmuck und mit ingeniösen Perlenmotiven verschönerte Gebrauchs- und Kunstgegenstände. Die Wunderkammern befinden sich in einem hohen Saal mit einer prachtvollen alten Balkenkonstruktion in Form eines umgekehrten Schiffs. Filme und audiovisuelle Medien spielen in dem neuen Museum eine wichtige Rolle.

Zierkamm mit der Göttin Lakshmi

Tempellöwe, Japan, 17. Jahrhundert

ZEEUWSE WANDTEPPICHE

Die sechs weltberühmten Wandteppiche berichten von den Heldentaten der Zeeländer im Kampf gegen die Spanier im Achtzigjährigen Krieg. Die großen Teppiche (die beiden größten sind etwa 4 x 7 m) wurden zwischen 1593 und 1604 im Auftrag der zeeländischen Regierung hergestellt. Der erste Teppich mit einer Darstellung der Schlacht bei Bergen op Zoom (1574) wurde 1593 in Delft angefertigt. Die übrigen Teppiche u.a. über die Seeschlachten von Rammekens (1573), Lillo (1573) und Zierikzee (1575-1576) wurden im Atelier von De Maecht in Middelburg gewebt. Die farbenprächtigen Teppiche vermitteln einen Eindruck der Kriegshandlungen auf dem Meer und der Kämpfe in den Häfen. Im Hintergrund sind die Silhouetten zeeländischer Städte, von Bergen op Zoom und Antwerpen, sichtbar. Diese Wandteppiche sind die einzige übrig gebliebene Serie alter Wandteppiche in der Welt, auf denen Seeschlachten dargestellt sind.

Detail der Schlacht bei Bergen op Zoom

Kuppel der Oostkerk

Vleeshal

Markt. **Straßenkarte** 1 C4.
Tel. *0118-652200.* **www**.vleeshal.nl
Di-So 13-17 Uhr.

In der Fleischhalle, der früheren gotischen Halle im Rathaus, wo das Fleisch gehandelt wurde, werden regelmäßig Ausstellungen und Projekte über zeitgenössische Kunst organisiert. Dabei wird immer die Rolle und Position der bildenden Kunst in der Gesellschaft untersucht. Außer in der Fleischhalle werden auch in den Kabinetten der Fleischhalle (Zusterstraat 7) Ausstellungen organisiert.

Damplein

Straßenkarte 2 D3.
Die monumentalen Gebäude am Damplein und die – an sommerlichen Tagen – vollen Terrassen geben dem Platz ein großstädtisches Ambiente. Ende des 10. Jahrhunderts wurde der Arne abgedämmt. Der neue Hafen wurde durch ein Wasserportal geschützt (1350). Etwa 1540 wurden die neuen Binnenhäfen entlang der Kaden gegraben. Der alte Hafen wurde 1875 zum Prins Hendrik Trockendock umgebaut. Der großzügig angelegte Damplein entstand 1970 durch den Abbruch eines Häuserblocks. Die Getreidebörse ist die Rekonstruktion eines Gebäudes aus dem Jahre 1767.

Kuiperspoort

Straßenkarte 2 D3-E3.
Die schmale Kuiperspoort ist eine der schönsten Straßen Middelburgs. Die unterkellerten Speicher stammen aus der Zeit der Vereinigten Ostindischen Kompanie. Das Torgebäude in den charakteristischen Farben der Stadt Rot, Weiß und Gelb wurde 1642 von der Kuipersgilde (Böttchergilde) erworben. Die Böttcher stellten die Tonnen und Fässer her, in denen Wasser, Wein, Bier, Pökelfleisch und Butter verpackt wurden.

Oostkerk

Oostkerkplein 1. **Straßenkarte** 2 E2.
Mai und Okt. Do, Juni und Sept. Di-Do, Juli-Aug. Di-Fr 10-16 Uhr. Im Juli-Aug. Do 12.30-13.00 Uhr Mittagspausenkonzert.
Die Oostkerk (Kirche) wurde 1648-1667 als erste protestantische Kirche nach der Reformation in dem neuen Hafenviertel aus dem 16. Jahrhundert (Neue Stadt) gebaut. Am Bau waren verschiedene Architekten beteiligt. Der Haager Baumeister Bartolomeus Drijfhout entschied sich für einen Zentralbau: eine achteckige symmetrische Kirche mit Kuppel. Nach seinem Tod 1649 wurden die Arbeiten unter Leitung von Arend van 's -Gravensande fortgesetzt. Nach seinem Tode 1662 war Louis Jolijt sein Nachfolger. 1651 revoltierte die Bevölkerung gegen die hohen Steuern auf Wein und Bier, mit denen der Bau der Kirche bezahlt wurde. Drei Jahre lang lag der Bau still. Innen macht die Kirche einen geräumigen hellen Eindruck. Die doppelwandige Kuppel wird von acht schweren ionischen Säulen getragen, eine Laterne bildet den Abschluss. Über dem Haupteingang prunkt das Stadtwappen, von einem Wassermann und einer Seejungfrau getragen. Die Orgel der Brüder De Rijckere aus Kortrijk (Belgien) hat Johannes van Overbeeke vollendet. Die Kuppel, über eine schmale Treppe erreichbar, bietet einen wunderschönen Blick auf das Innere der Kirche und ab dem Kuppelrundgang auf Middelburg.

Detail Oostkerk

Terrassen auf dem Damplein

DIE GESCHICHTE MIDDELBURGS

In der karolingischen Zeit entstand an einer dreiarmigen Weggabelung von Erhöhungen durch Versandung eines Priels eine kleine Niederlassung. Etwa 880 baute man nordöstlich davon eine Fluchtburg, die in einer Bucht des Arne günstig lag. 1217 bekam Middelburg von der Gräfin von Flandern und dem Grafen von Holland Stadtrecht. Durch den Handel mit Wolle, Laken und Wein wurde die Stadt reich. Als der Arne versandete, verband ein neuer Kanal die Stadt mit dem Meeresarm Sloe (1535). 1574 wurde Middelburg nach einer langen Belagerung von den niederländischen Truppen eingenommen. Nach 1585 erlebte Middelburg ihr Goldenes Zeitalter. In der Stadt ließen sich die "Kammern" (Büros) der Vereinigten Ostindischen (VOC) und der Westindischen Kompanie (WIC) nieder. Der wirtschaftliche Erfolg führte zur Ausbreitung der Stadt, wie die Neue Stadt rund um die Oostkerk. Etwa 1660 kam an diese Blütezeit ein Ende, obwohl die Gründung der Middelburgse Commercie Compagnie (MCC) 1720 für eine leichte Wiederbelebung sorgte. Die französische Zeit (1795-1813) läutete den Rückgang ein, der trotz der Anlage des Kanals durch Walcheren und der Anlage der Eisenbahnlinie Roosendaal-Vlissingen bis weit in das 20. Jahrhundert andauerte. Am 17. Mai 1940 legte ein gewaltiger Stadtbrand nach einem deutschen Bombardement einen großen Teil der Innenstadt in Schutt und Asche. Middelburg wurde im alten Stil wieder aufgebaut. Zwischen 1988 und 1992 wurde auf dem ehemaligen VOC-Gelände beim Dockhafen ein neues Wohnviertel gebaut. 2004 zog die Stadtverwaltung aus der Innenstadt in das neue Stadtbüro am Kanal.

Kaaien

Straßenkarte u.a. A3-B2-3, C1-2 und D1.

Zur Vergrößerung der Hafenkapazität wurde im 16. Jahrhundert die südöstliche Stadtgracht als Hafen eingerichtet. Hier entstanden nach 1540 die Kaaien, deren Namen auf den Handel und die Hafenstädte hinweisen (Bierkaai, Turfkaai, Rouaansekaai und Londensekaai). Entlang der Kais standen hohe Speicher, Patrizierhäuser und Büros. Die Kammer Zeeland der VOC hatte ihren Sitz im Oost-Indische Huis an der Rotterdamsekaai. Dieser imposante Komplex von Büros und Speichern wurde am 17. Mai 1940 vollständig zerstört. Obwohl die VOC eigene Speicher besaß, wurden auch Waren in Privathäusern gelagert. Die Speicher aus dem 16. Jahrhundert am Kinderdijk (Nr. 84-90) tragen die Namen von Lasttieren: Kameel (Kamel), Oliphant (Elefant), De Kemel (Angoraziege) und De Muyl (Muli). Im Maïsbaaigebiet wurde im 17. Jahrhundert eine große VOC-Werft gebaut, auf der 363 Ostindienfahrer gebaut wurden. Von dem großen weißen Haus an der Maïsbaai aus führte der Ober-Equipagemeister der VOC (der für die Schiffsmannschaft und -ausrüstung verantwortlich war) die Aufsicht über Bau, Wartung und Ausrüstung der Schiffe. Er regelte auch die Anwerbung von Seeleuten und Soldaten. Drei alte Brücken, die Spijkerbrug (1853), die Dokbrug (1876) und die Bellinkbrug (1855) überspannen die Kaaien.

Bolwerken

Straßenkarte u.a. A3-B2-3, C1-2 und D1.

Ende des 16. Jahrhunderts bekam Middelburg einen Erdwall mit dreizehn Bastionen. Acht Stadttore gaben Zugang zur Stadt. Wo sich früher die alten Festungsanlagen befanden, gibt es heute einen Park, der von dem Landschaftsarchitekten Jan David Zocher entworfen wurde. Nur die Koepoort hat den Abbruchwahnsinn des 19. Jahrhunderts überstanden. Für die Anlage der Eisenbahn und den Kanal durch Walcheren wurde der südöstliche Teil der Bollwerke durchschnitten. Auf dem **Seisbolwerk** steht noch immer die Seismühle (1728) und auf dem **Vlissingsche Bolwerk** Mühle De Hoop (1736).

Mini Mundi Middelburg mit Rathaus und Abteikomplex

Außerhalb des Zentrums

Familien-Vergnügungspark Mini Mundi

Podium35. ***Tel.***0118-415400. *Juli-Anfang Sept. 1-19/20 Uhr; übrige Öffnungszeiten auf der Site.* ***www.****minimundi.nl*

Miniatur Walcheren ist in den Freizeitpark ZEP Middelburg am Rande der Stadt in dem Stadtviertel Mortiere integriert worden. Zum neuen Park mit dem Namen Mini Mundi gehören ein Innen- und Außenspielplatz, der Mini Mundi Express und Miniatur Walcheren. Der Miniaturteil wurde in Zusammenarbeit mit Madurodam vollständig neu angelegt und vergrößert. Der Park hat die genauen Konturen von Walcheren. Außer dem Rathaus von Middelburg, dem Boulevard von Vlissingen, dem Abteikomplex mit dem Abteiturm Lange Jan sind noch viele andere maßstabgerechte Modelle zu sehen.

Arnemuiden

Das Dorf Arnemuiden (8 km östlich von Middelburg) war einst die blühenden Hafen von Middelburg. Aufgrund der zunehmenden Versandung im 17. Jahrhundert, nahm die Bedeuting von die Stadt af. In der historischen Werft sind hölzerne Hoogaarzen wiederhergestelt. Das Museum Arnemuiden (Mai-Okt.: Wo-Sa 13-17 Uhr) zeigt die Geschichte dieser kleinen Stadt.

Middelburg im Überblick: Dam und Kais

Giebelstein De Zwarte Ruiter, Damplein

Die Kuppel der markanten Oostkerk (Kirche) dominiert schon seit über 300 Jahren das Bild der Neuen Stadt. In den Vierteln rund um den alten Hafen (jetzt Prins Hendrikdok) erinnern die Fassaden von Kaufmannshäusern und die Speicher an das Goldene Zeitalter Middelburgs, als der Handel mit Niederländisch-Ost- und West-Indien seinen Höhepunkt erreichte. Die Häuser am Rouaansekaai, Dwarskaai und Rotterdamsekaai wurden bei dem deutschen Bombardement 1940 schwer beschädigt und im Wiederaufbau- oder Nachkriegsstil wieder aufgebaut. Het Molenwater, wo das Wasser für den Antrieb der Gezeitenwassermühlen und zur Verhinderung der Aufschlämmung des Hafens gespeichert wurde, ist seit dem 19. Jh. ein Park mit Teich.

Graanbeurs
Die Getreidebörse (auch Podio del Mondo per Arte genannt) auf dem Damplein ist eine Rekonstruktion der alten Börse aus dem Jahre 1767.

★ Kaaien
Die Kais wie Rouaanse Kaai und Bierkaai tragen die Namen anderer Handelsstädte und von Handelsprodukten.

NICHT VERSÄUMEN

- ★ Kaaien
- ★ Oostkerk
- ★ Kuipersspoort

0 Meter 50

LEGENDE

– – – Routenempfehlung

Singelstraat
Eine der charakteristischen Straßen im alten Zentrum von Middelburg.

ZUR ORIENTIERUNG
Siehe auch Stadtplan vordere Umschlagklappe.

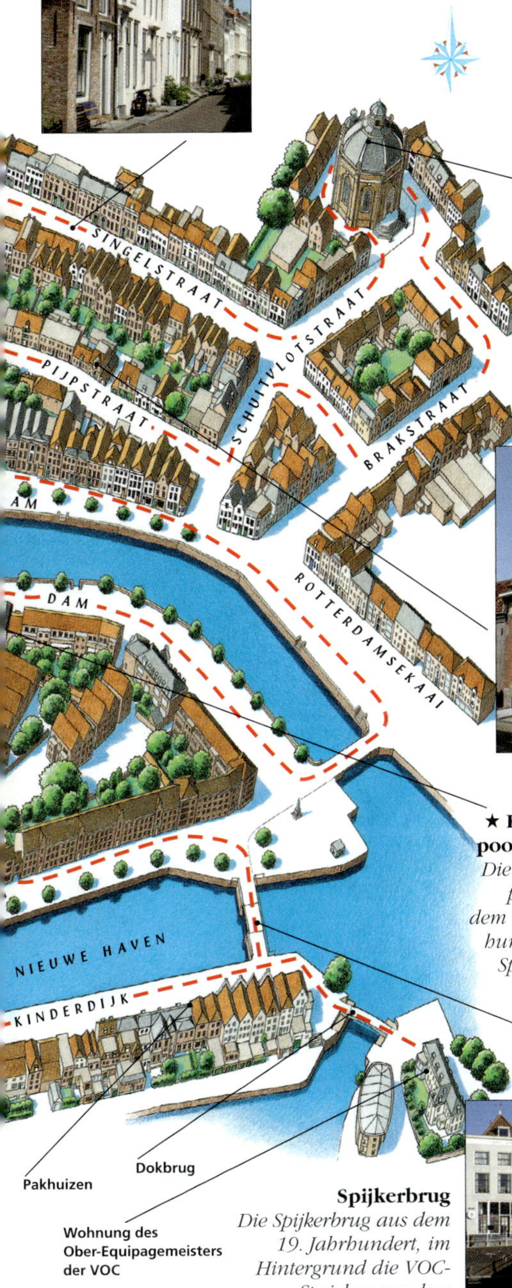

★ Oostkerk
Am 6. Juli 1667 wurde die achteckige Kirche in Gebrauch genommen.

Azijnfabriek
Diese Essigfabrik aus dem Jahr 1901 wurde im Jugendstil erbaut.

★ Kuiperspoort *(Tor)*
Die Kuiperspoort aus dem 17. Jahrhundert mit Speichern.

Spijkerbrug
Die Spijkerbrug aus dem 19. Jahrhundert, im Hintergrund die VOC-Speicher aus dem 16. Jahrhundert.

Zierikzee im Überblick

Detail Rathaus

Zierikzee ist mit ihren Stadttoren, Kirchen, historischen Gebäuden und stimmungsvollen kleinen Straßen eine Denkmalstadt par excellence. Die Häfen, das renovierte Hafenviertel, die alten Speicher und die monumentalen Wohnungen der Kaufleute, Händler und Reeder am Alten Hafen erinnern an die Zeit, in der die Stadt ein wichtiges Handelszentrum war. Der Dikke Toren bestimmt schon Jahrhunderte lang die Silhouette der Stadt. Zierikzee lädt zu einem Stadtrundgang ein, wobei man sich der Worte des Schriftstellers Multatuli erinnert: "Niemals fühlte ich mich irgendwo wohler als in Zierikzee."

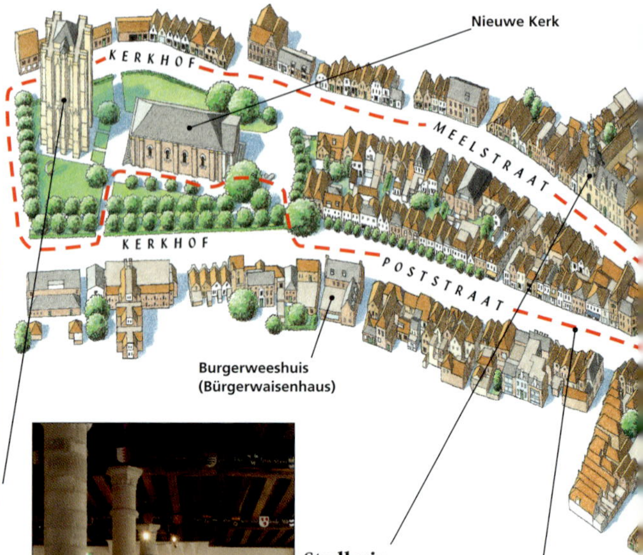

★ Dikke Toren
Der stattliche, unvollendete Sint-Lievensmonstertoren, auch Dikke Toren (Dicker Turm) genannt, bestimmt seit Jahrhunderten das Stadtbild von Zierikzee.

0 Meter 100

Stadhuis
Das Rathaus von Zierikzee wurde von 1550-1554 gebaut. Im Rathaus mit seinen schönen Fassaden und dem schlanken Turm tagte die Stadtverwaltung.

Einkaufsmöglichkeiten
In den kleinen Straßen rund um den Appelmarkt befinden sich zahlreiche kleine Läden, Boutiquen und Cafés.

NICHT VERSÄUMEN

- ★ Dikke Toren
- ★ Museumhaven
- ★ Noordhavenpoort

Havenpark
Im 18. und 19. Jahrhundert bewohnten reiche Händler und Schiffseigentümer die Häuser am Alten Hafen (Hafenpark).

INFOBOX

Straßenkarte D2.
Grachtweg.
Nieuwe Haven 7, Zierikzee (0111-410940 **www.**vvvzeeland.nl/de).
Do 8-16 Uhr.

★ Museumhaven (Oude Haven)
Der alte Hafen erstreckte sich bis zur Stadtmitte. Der Hafen wurde 1871 abgedämmt, wodurch Havenplein und Havenpark entstanden.

★ Noordhavenpoort
Dieses doppelte Stadttor aus dem 14. Jahrhundert schützte den Zugang zur Stadt und Mündung des Alten Hafens.

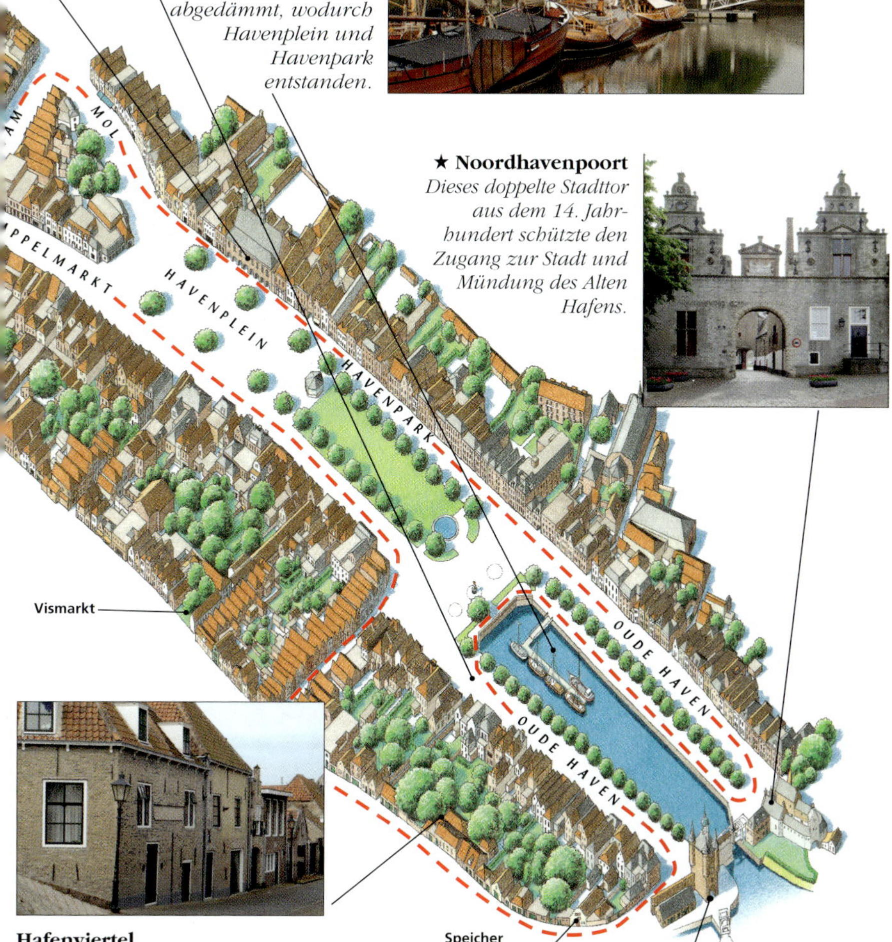

Hafenviertel
In diesem Viertel wohnten Hafenarbeiter, Matrosen, Fischer, Schiffer, Segelmacher und Korbmacher.

LEGENDE

– – – Routenempfehlung

Zierikzee

Im Überblick: S. 32-33.

Stadspoorten

Alter Hafen und Korte Nobelstraat.

Das jüngste der beiden Hafentore, **Noordhavenpoort,** stammt in seiner heutigen Form vom Anfang des 16. Jahrhunderts. Das Hafentor besteht aus einem Außen- und einem Innentor, die den etwas rund verlaufenden Weg, die Vorburg, umschließen. Obwohl die Wehrgänge entlang der Vorburg geschlossen sind, hat das Tor seinen defensiven Charakter behalten. Das schwere viereckige Tor **Zuidhavenpoort** wurde Anfang des 14. Jahrhunderts gebaut und bildete den Zugang zur Insel Duiveland. Bei der Restaurierung in den siebziger Jahren des zwanzigsten Jahrhunderts wurde die angrenzende Stadtmauer wiederhergestellt und mit einem überdeckten Wehrgang versehen. Auf der Landseite eines rechteckigen Torbaus, **Nobelpoort**, befinden sich zwei hohe runde Türme. Dieses Tor ist das ursprünglichste Stadttor der Niederlande aus dem 14. Jahrhundert.

Blick auf das Zentrum von Zierikzee mit Gasthuiskirche und Börse

Sint-Lievensmonstertoren

Balie. **Tel.** *0111-415046/ 06-51060208.* *Ostertage, Mai-Sept. und Herbstferien: 12-16 Uhr, Juli-Aug. 11-16 Uhr).*

Gevelsteen Beurs

Den Sint-Lievensmonstertoren oder Dikke Toren hatte der Mecheler Baumeister Andries Keldermans als einen ungefähr 130 m hohen Turm geplant. Infolge Geldmangels wurde der Turm nicht höher als 58 m. Der Turm bildete ein Ganzes mit der spätgotischen Sint-Lievensmonsterkirche, mit deren Bau man 1470 begann. Die Monsterkerk (Stiftskirche) war mit einer Länge von 102 m und einer Breite von 37 m die größte Kirche Zeelands. In der Nacht vom 7. Oktober 1832 brannte die Kirche ab. Die Trümmer wurden aufgeräumt und 1848 wurde die Nieuwe Kerk fertiggestellt.

Zuidhavenpoort ist ein rechteckiger Turm mit vier Ecktürmchen

Nieuwe Kerk

Kerkplein 1.

Die Neue Kirche, ein streng neoklassizistischer Entwurf von G.H. Grauss und angepasst von Ingenieur A. Caland, wurde 1848 fertiggestellt. Leider wurde die Kirche 1945 schwer beschädigt.

Burgerweeshuis

Poststraat 45. **Tel.** *0111-412683.*
nach Vereinbarung.
www.burgerweeshuiszierikzee.nl

1862 wurde das Vorhaus aus dem 17. Jahrhundert und das Hinterhaus aus dem 16. Jahrhundert als "Burger Weeshuis" gekauft. In dem Gebäude ist die **Regentenkammer** (Regentenzimmer) mit Goldleder-Tapete und Deckengemälden zu bewundern. 1960 wurde das Waisenhaus geschlossen. Im Garten finden in den Sommermonaten Ausstellungen von Skulpturen statt.

Gasthuiskerk

Havenplein 17.

Die Kapelle gehörte zu dem Elizabethgasthuis (14. Jh.), einem Krankenhaus für arme Reisende und Kranke. Nach dem Abbruch einiger Gebäude am Hafen konnte die Kirche 1651 um eine Galerie, die auf der Börse "Beuze", der halboffenen Markthalle, ruht, erweitert werden. 1653 wurde die Vorderfront mit dem Wappen der Stadt Zierikzee, das von einem Wassermann und einer Seejungfrau getragen wird, geschmückt.

Stadhuis/Stadhuismuseum

Meelstraat 6. *Ende April-Okt.: Di-Sa 13.30-16.30 Uhr.* **www**.museaschouwenduivenland.nl

Das Rathaus wurde von 1550-1554 gebaut und mit zwei schönen Fassaden im flämischen Renaissancestil ausgestattet. Oben auf den Fassaden sind Karl V. und Philip II. abgebildet. Auf der birnenförmigen Krone des achteckigen Turms herrscht Neptun, der römische Gott des Meeres. Das neue Rathausmuseum berichtet von dem "Rätsel" der Denkmalstadt Zierikzee. Das Museum ist aus der Zusammenlegung des alten Rathausmuseums und des Maritimen Museums hervorgegangen. Das Museum erzählt von der blühenden Vergangenheit der Stadt Zierikzee und der Insel Schouwen-Duiveland. Die Sammlung besteht aus Silber, Schiffsmodellen und Kuriositäten, die zusammen die Blütezeit der Seefahrt und die Handelsgeschichte der Stadt illustrieren.

Der Rathausturm aus dem 16. Jahrhundert

Gravensteen

Mol 25.

Gravensteen, erbaut in den Jahren 1524-1526, war ein multifunktionelles Gebäude. Im Erdgeschoss arbeiteten die Beamten des Grafen; auch fanden dort Gerichtsverhandlungen statt. Vier Jahrhunderte lang, bis 1923, wurden in den Zellen im ersten Geschoss Gefangene eingesperrt. Die Inschriften und Zeichnungen an Wänden und Türen der nicht sehr komfortablen Zellen erinnern an diese Zeit.

Modell einer Hoogaars, einem traditionellen zeeländischen Schiff

Museumhaven en Stads- en Commerciewerf

Oude Haven en Vissersdijk. ***Tel.** 06-52166621.* **www.**museumhaven zeeland.nl *Museumswochenende und Mai-Mitte Sept. Di-Fr 13-16.30 Uhr (Oude Haven auch So 13-16.30 Uhr).*

Im alten Hafen liegen die restaurierten Hoogaars ARM17 und Zuidvliet, das erste motorisierte Fährschiff, das je durch die zeeländischen Gewässer fuhr. In der **Stadt- und Handelswerft**, einem ehemaligen hölzernen Schuppen mit auffälligem vertikalem Lattengerüst, werden klassische Schiffe restauriert. Die Restaurationen werden von den Besuchern von einer Fussgängerbrücke zu folgen.

DIE GESCHICHTE VON ZIERIKZEE

Zierikzee verdankt Entstehung, Blüte und Wohlstand wie so viele andere zeeländische Städte dem Meer. Vermutlich im 10. Jh. lassen sich Bauern und Fischer, zu denen ein gewisser Zierik gehört, an der Ee nieder, einem Flüsschen, das in die Gouwe mündet. So entstand die Stadt von Zierik an der Ee. Später wurde das Flüsschen abgedämmt und ein Hafen angelegt. 1248 bekam Zierikzee Stadtrechte. Die Stadt breitete Sich allmählich vom Westen (rund um die Balie) zum Osten (alter Hafen) aus. Die spanischen Truppen unter ihrem Anführer Mondragón belagerten die Stadt von 1575-1576. Nach einer kurzen Besatzung von wenigen Monaten verschwanden die Truppen wieder. Zierikzee blieb verarmt zurück. Für die Wirtschaftsbelebung war eine gute Verbindung zum Meer erforderlich.

1597-1599 wurde der Hafenkanal angelegt und die südliche Stadtgracht als neuer Hafen eingerichtet. Im 17. Jh. sorgten Fischerei, Handelsschifffahrt, die Kultivierung von Krapp (Färberröte) und der Tuchhandel für Wohlstand.

Ein Jahrhundert später setzte jedoch der wirtschaftliche Abstieg ein. Seit Mitte des 19. Jh. war Zierikzee eine vergessene Stadt. Nach der Flutkatastrophe 1953 wurden jedoch die zahlreichen Baudenkmäler restauriert. Durch den Bau der Dämme und der Zeelandbrücke war die Insel Schouwen-Duiveland nicht länger isoliert. Zierikzee wurde das Zentrum der neuen Gemeinde Schouwen-Duiveland.

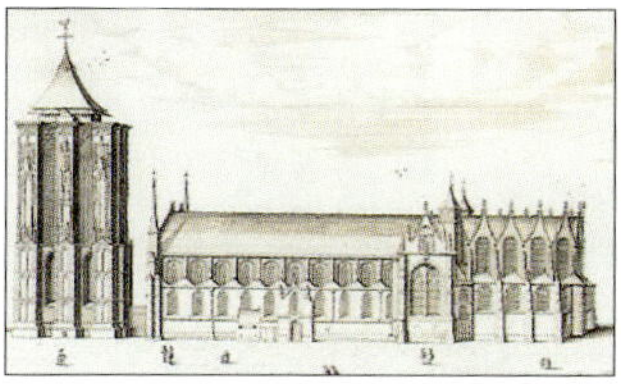

Sint-Lievensmonstertoren

Blick auf Brouwershaven mit Nicolaaskirche

GEMEINDE SCHOUWEN-DUIVELAND

Straßenkarte C1 und D2. *34.000.* **www.**schouwen-duiveland.nl *Noordstraat 45a, Burgh-Haamstede; Roelantsweg 5a (0111-450524), Renesse; Nieuwe Haven 7, Zierikzee (0111-410940,* **www.**vvzeeland.nl/de).

Brouwershaven

Graf Floris V. erteilte 1285-1286 Zustimmung, auf der Nordseite der Insel Schouwen einen Hafen anzulegen als Gegenstück zu dem mächtigen Zierikzee. 1323 wurde Brouwershaven zum ersten Mal schriftlich erwähnt. Über den Hafen wurden Agrarprodukte (Färberröte), Fisch (Hering) und Salz verschifft. Das seit 1403 anhaltende Wachstum der Stadt war der Anlass für den Bau der eindrucksvollen Nicolaaskirche und des Rathauses. Im 18. Jh. geriet die Stadt in Verfall. Erst ab 1839 erholte sich die kleine Stadt wieder. Infolge der Versandung der Maasmündung konnten Rotterdam und Dordrecht nämlich nur noch über das Brouwershavensche Gat und die Noord (Flussarm) erreicht werden. Große Schiffe wurden zum Teil auf der Reede vor Brouwershaven gelöscht und konnten mit geringerem Tiefgang ihre Fahrt fortsetzen. Nach der Eröffnung des Nieuwe Waterweg im Jahre 1872, nach einem Entwurf des Zeeländers Pieter Caland, geriet Brouwershaven zum zweiten Mal in Vergessenheit.

Spaziergang durch Brouwershaven

Zentrum:
Auf dem Markt, früher ein Teil des Hafens, steht ein Statue des Dichters-Staatmannes **Jacob Cats** *(siehe Kasten)*. Auf der Fassade des Rathauses steht die Jahreszahl 1599. In jenem Jahr wurde das ursprüngliche Rathaus am Korenmarkt auf der Marktseite um einen neuen Flügel im flämischen Renaissancestil erweitert. Die meisten Häuser am Markt entlang dem Hafen stammen aus dem 17. Jh., sehen jedoch wie ein Haus aus dem 19. Jh. aus. Im **Brouws Museum** wird anhand von Schiffsmodellen, Schiffskarten und Gemälden die Beziehung zwischen Brouwershaven und der Schifffahrt dargelegt. Das Museum beherbergt auch eine Bibliothek. Das große Tonnenlager, in dem die Baken für die Markierung der Fahrrinnen aufbewahrt wurden, erinnert an die zweite Blütezeit der Stadt. Die große **Nicolaaskerk,** die 82,5 m lang, 28,5 m breit und fast 25 m hoch ist, überragt Brouwershaven. Der Bau der Kirche begann etwa 1300 und endete Ende des

Das alte Rathaus

JACOB CATS

Der Dichter-Staatsmann Jacob Cats (1577-1660) wurde in Brouwershaven geboren. Er studierte Jura in Leiden. Während eines Besuchs in England kam er in Kontakt mit dem Puritanismus, einer religiösen Reformbewegung. 1603 ließ er sich als Rechtsanwalt in Middelburg nieder. Neben seiner politischen Laufbahn – er war Ratspensionär in Middelburg und Dordrecht und von 1636 bis 1651 Ratspensionär von Holland und Zeeland – schrieb er Gedichte. Cats hatte als Moralschriftsteller (Vater Cats) großen Einfluss auf die Bevölkerung. Die letzten Jahre seines Lebens verbrachte er auf dem Landgut Sorghvliet, dem heutigen Catshaus in Den Haag.

Bildnis von Jacob Cats

16. Jh. Das Kirchenschiff hat eine prachtvolle Bedachung aus Eichenholz in Form eines umgekehrten Schiffs. Im Chor stehen zwei Holzfiguren von Jacobus Major (dem Älteren) und Sint Nicolaas. Beim Bildersturm blieben sie verschont, da sie in großer Höhe angebracht waren.

Jacob Catsroute

Start: *Markt.* ***Länge:*** *3 km.* ***Markiert. Broschüre:*** *beim VVV (Touristenbüro) erhältlich.*
Stadtrundgang durch Brouwershaven, wo der Dichter-Staatsmann Jacob Cats seine Jugend verlebte.

Brouws Museum

Haven Zuidzijde 14-15. ***Tel.*** *0111-691342.*
www.brouwsmuseum.nl
Mo-Fr 9-17 Uhr

Nicolaaskerk

Kerkplein 3. *13.30-16.30 Uhr.*

Umgebung

Nach der Anlage des 6,5 km langen **Brouwersdam** (1963-1971), der Schouwen-Duiveland und Goeree-Overflakkee verbindet, breitete sich **Scharendijke** mit Yachthäfen und großen Freizeitzentren stark aus. Bei **Elkerzee** befindet sich am Elkerzeeseweg noch der Rest einer Warft, ein Schlossberg aus dem 11. oder 12. Jh.

Giebelstein in Scharendijke

Bruinisse

1467 stimmte Philip von Burgund der Bedeichung der Groden und Schlickböden östlich der Insel Duiveland zu. Im östlichen Teil des neuen Polders entstand das Dorf Bruinisse. Eine Hauptstraße (heute Oudestraat) verband den Kirchenring mit dem Hafen. Das junge Dorf wurde von der Sint-Felixflut 1530 und der Invasion der spanischen Truppen 1575 stark getroffen. Bruinisse – *Bru* nach den Buchstaben auf den Schiffen – bildete zusammen mit Tholen

Muschelschiffe im Fischerhafen von Bruinisse

das Zentrum der Schalentierfischerei. Die Muschel- und Austernkultur blühte dank dem Export nach England bis ungefähr 1850. 1911 wurde ein großer Teil der Fischerflotte von einem schweren Sturm vernichtet. Danach ging es mit der Fischerei schnell bergab. Die Monopolposition von Bruinisse wurde von Yerseke übernommen. Die Muschelfischerei ist jedoch immer noch wichtig. Nach der Absperrung des Grevelingen (1964) entstanden an der Ostseite des Dorfes ein Yachthafen und ein Freizeitzentrum. In **Brusea** sind das Heimatmuseum und das Fischereimuseum vereinigt. Im Museum werden Gegenwart und Vergangenheit der Schalentierkultur ("nasse Landwirtschaft"), die Flotte und Wohnen und Arbeiten "auf Bru" dargelegt. Das Heimatmuseum ist in einer ehemaligen Fischerwohnung untergebracht. In diesem Stilzimmer wird das Leben eines Muschelfischers und seiner Familie veranschaulicht.

Brusea

Oudestraat 23. ***Tel.*** *0111-481412.*
Mai-Sept und Herbstferien: Mo-Fr 14-17 Uhr (Juli-Aug.: auch Sa).
www.brusea.nl

Umgebung

Der 6 km lange **Grevelingendam** mit Schifffahrtsschleuse wurde von 1958-1965 gebaut und verbindet Schouwen-Duiveland mit Goeree-Overflakkee. Der **Philipsdam** mit **Krammerschleusen** wurde 1987 fertiggestellt; er ist die Verbindung zu Sint-Philipsland.

Traditioneller Muschelfischer

Burgh-Haamstede

Burgh und Haamstede waren ursprünglich zwei Ringdörfer, die bereits vor dem Zweiten Weltkrieg zusammenwuchsen. Das Doppeldorf liegt am Rand eines schönen Dünengebietes mit breitem Sandstrand. **Burgh** entstand neben der Ringwallburg aus dem 9. Jh. Das Burggelände ist erhalten geblieben. Auf der Ostseite wurden ein Teil des Walls mit Palisade und ein Weg mit Durchgang durch den Wall konstruiert. Der **Burghse Ring** wird von Birnbäumen und kleinen Häusern umsäumt. Mitten im Ring steht die Dorfkirche aus dem 17. Jh. Das Museum **De Burghse Schoole** befindet sich in der ehemaligen Dorfschule. Es enthält ein Klassenzimmer aus 1920, eine Ausstellung über die karolingischen Ringwallburgen von Zeeland und eine Wechselausstellung.
Auch Haamstede hat einen Ring mit einer Kirche. Schräg gegenüber der Kirche steht **Schloss Haamstede.** Etwa 1250 wurde ein stattlicher Donjon mit Torgebäude gebaut. 1299 kam das Schloss in die Hände von Witte van Haamstede, ein Halbbruder von Jan I. von Holland. Ende des 15. Jh. erhielt das Schloss auf der Westseite einen Anbau, der 1525 abbrannte.

Der Strand an der Spitze von Schouwen

1853 kaufte Notar Cornelis van der Lek de Clercq das Schloss. Im Keller wird eine Diaschau gezeigt. Eine kleine Ausstellung im Rittersaal vermittelt einen Eindruck vom Leben im Schloss.

Die Hauptstraße in Haamstede

Boswachterij (Forstrevier) **Westerschouwen** ist ein großes Naturgebiet (330 ha) mit Nadel- und Laubbäumen, Sandverwehungen, Tälern und Dünenweiden. Vor knapp hundert Jahren bestand dieses Gebiet aus Wanderdünen, in denen der Wind freies Spiel hatte. Eine Landschaft mit einer langen Geschichte, denn am Strand wurden Spuren aus der Römerzeit gefunden. Seit 1923 wurden die Dünen mit Nadelbäumen bepflanzt. Im Besucherzentrum **Excursieschuur** am Kraaijensteinweg wird in einer ständigen Ausstellung die Arbeit der staatlichen Forstverwaltung dargelegt. Das Forstrevier ist größtenteils frei zugänglich, allerdings dürfen die Möwendünen nur außerhalb der Brutzeit (15. Juli bis 15. März) auf den markierten Wege betreten werden. Bei der Excursieschuur und beim Parkplatz am Ende des Adriaan van der Weijdeweg starten verschiedene Wanderwege. Der Aussichtsturm bietet einen schönen Blick auf das Dünengebiet.

Wohnhaus mit Treppengiebel aus dem 17. Jh. am Burghse Ring

Slot Haamstede

Start: *Eingangstor Schloss Haamstede.* ***Länge:*** *5 km.* ***Markiert.***
Die Zeepedünen gehören seit jeher zu dem Landgut Schloss Haamstede. Ein Wanderweg mit rotmarkierten kleinen Pfählen führt am Schloss vorbei, weiter durch den Schlosswald und die Zeepedünen.

De Burghse Schoole
Kerkstraat 3. ***Tel.*** *0111-651529.* *April-Okt.: Di-Sa 13-16 Uhr (Juli und Aug.: ab 12 Uhr).*

Slot Haamstede
Ring 2. *Besuch Schloss und Ausflug Schlosswald: beim VVV (Touristenbüro) Haamstede.*
www.natuurmonumenten.nl

Umgebung
Nieuw-Haamstede entwickelte sich nach 1920 infolge des zunehmenden Tourismus und der Anlage eines Flugplatzes. Der 57 m hohe Leuchtturm (1840) stand bereits dort. Die charakteristische rot-weiße spiralförmige Bemalung wurde 1935 angebracht. Der einsame **Plompe Toren** (jetzt ein Informationszentrum) am Oosterscheldedeich gehörte zu der Kirche des untergegangenen Dörfchens **Koudekerke**. Als das Dorf untergegangen war, brach man 1583 die Kirche ab. Hinter dem Deich liegt das **Koudekerkse Inlaag (Feuchtgebiet)**.

Koudekerkse Inlaag, im Hintergrund der Plompe Toren

Wappen auf dem Torgebäude von Schloss Haamstede

Ouwerkerk

Ouwerkerk bietet, obwohl es aus dem Mittelalter stammt, einen jungen Anblick.
Die Dorfkirche wurde 1945 schwer beschädigt und der Turm gesprengt. 1956 wurde hier eine moderne zehnseitige Kirche mit frei stehenden Türmen gebaut.
Ouwerkerk wurde zu Zeiten der Flutkatastrophe 1953 landesweit bekannt, weil hier der letzte große Deichbruch abgedichtet wurde. In der Katastrophennacht entstanden im südlichen Seedeich drei Durchbrüche. Das Abdichten dieser Sturmbreschen war eine besonders schwierige Arbeit, und die Dörfer Ouwerkerk und Nieuwerkerk lagen monatelang wie kleine Inseln mitten im Wasser. Mit Hilfe von vier Phoenix-Caissons (Betoncontainer) gelang es, am 6. November 1953 den letzten Durchbruch zu schließen. Die Caissons waren für eine zweite Landung der Alliierten in Oostende nach der Normandie 1944 bestimmt. Einige übrig gebliebene Caissons wurden 1953 von England in die Niederlande geschleppt. Nach dem Abdichten des Deiches konnte mit dem Leerpumpen des Polders begonnen werden. Inzwischen war zwischen dem Seedeich und dem Dorf durch die scheuernde Wirkung des Seewassers ein Prielsystem entstanden. Das **Watersnoodmuseum** ist in den vier Caissons untergebracht und veranschaulicht die Geschehnisse während und direkt nach der Flutkatastrophe, das multimediale Monument 1835+1, Trockenlegen und Wiederaufbau mit einer wiederaufgebauten gestifteten Wohnung aus Dänemark und Leben mit Wasser und Natur. Das kleinste Museum Zeelands liegt in Viane.

Watersnoodmuseum
Weg van de Buitenlandse Pers 5. ***Tel.*** *0111-644382.* *April-Okt: Di-So 11-17 Uhr, Nov-März: Di-So 13-17 Uhr.*
www.watersnoodmuseum.nl

Renesse

Renesse ist ein vor allem bei jungen Leuten beliebter Badeort. Am Rand des Dorfes liegt das Transferium, ein großer (kostenloser) Parkplatz, von dem aus man mit Bussen zu den Campingplätzen an der Küste und zum Strand fahren kann. Rietnisse (mit Schilfrohr bewachsenes flaches Land) wurde zum ersten Mal urkundlich im Jahre 1267 erwähnt. Der Ort ist als Ringdorf rund um die **Sint-Jacobuskirche**, deren unvollendeter Turm etwa aus 1425 stammt, angelegt. Die Straße Laône verbindet das Dorf mit den Dünen. Im 20. Jh. erlöste die Straßenbahn Renesse aus seiner Isolation und gab den Anstoß zur Entwicklung des "Fremdenverkehrs". Am östlichen Ortsrand liegt **Slot Moermond**, das etwa 1229 von Costijn van Zierikzee gebaut wurde. Die bekanntesten Schlossbewohner sind zweifellos Jan van Renesse und Witte und Arend van Haamstede. Durch Feldschlachten wurde das Schloss zweimal zerstört, jedoch jedes Mal wieder aufgebaut. Heutzutage ist das Schloss ein Hotel und ein Konferenzzentrum.

Vroongronden
Vroongronden (nicht zugänglich) bildet den Übergang zwischen den hohen Dünen und die niedrige Polder. Das Gebiet besteht aus trockenen Dünen, Gräben und Flachland. Die Gräben sind von Staatsbosbeheer ausgegraben, seltene Pflanzen profitieren. Der Radweg auf der Vroonweg bietet eine gute Sicht auf die jahrhundertealte Gründe.

Schloss Moermond hat eine bewegte Geschichte

Radfahren im Kop van Schouwen

Säger

Das Naturgebiet Kop van Schouwen, im Westen der ehemaligen Insel Schouwen, umfasst eine große Verschiedenheit an Landschaften, Stränden, Dünen, Wäldern und Dünenweiden entlang der Nordseeküste und – weiter landeinwärts – offenen Poldern und "Krekengebieten" (eine von breiten Wasserrinnen und Buchten geprägte Landschaft). Burgh-Haamstede und Renesse sind beliebte Badeorte. Die kleine Stadt Brouwershaven ist eine ehemalige Handelsstadt am Grevelingenmeer. Wind und kleine Dünenhügel machen diese Radtour zu einer sportlichen Herausforderung. Tipp: Nehmen Sie Ihr Fernglas zum Beobachten von Vögeln mit.

Strand Renesse
Die größte Attraktion von Schouwen ist der Strand: 17 Kilometer lang und an manchen Stellen Hunderte von Metern breit.

Vuurtoren Nieuw-Haamstede
Der Leuchtturm mit seiner auffälligen rotweißen Spirale, für den der Grundstein 1837 gelegt wurde, war je auf dem 250-Gulden-Schein abgebildet.

Serooskerke
Mitten in Seêskerke (zeeländisch für Serooskerke) steht die alte Dorfkirche, die 1575 größtenteils durch Brand zerstört wurde. Nur das Schiff der Kirche wurde wieder aufgebaut.

Der Hafen von Brouwershaven *Die Geschichte der kleinen Stadt ist eng mit dem Wasser verbunden. Fischerei und Handel waren die wichtigsten Einkommensquellen. Jetzt schaukeln im Hafen vor allem Vergnügungsyachten.*

INFO FÜR RADFAHRER

Fahrradroute: *96>93>92>91>90>81>71>70>72>73>76>84>85>86>87>96*
Verkürzte Route: *91>88>82>83>85 oder 85>83>82>80>81*
Start: *P Brouwershaven; Transferium Renesse, Knotenpunkt 75*
Länge: *50 km, verkürzte Route 27,5 oder 37 km*

Naturgebiet De Prunje *Im Rahmen des Tureluur-Planes wurde der Polder der Natur wieder zurückgegeben. Ab dem Delingsdeich sind die Weidevögel gut zu sehen.*

Schouwen *Die Route führt regelmäßig entlang ausgedehnter Ländereien, die das Aussehen des ländlichen Raumes von Schouwen charakterisieren.*

LEGENDE

- Fahrradroute
- Verkürzte Route
- Wahlweiser Beginn verkürzte Route
- 78 Fahrradknotenpunkt
- P Parkplatz
- Café
- Restaurant
- Hauptweg
- Kleinerer Weg
- Radweg
- Deich
- Aussichtspunkt
- Information
- Picknickplatz

Dreischor

Mitten im Ring von Dreischor steht die **Adrianuskirche** (14. Jh.), die ein Tonnengewölbe aus Holz, alte Grabplatten, Herrenbänke und eine Kanzel hat. Der Südchor diente als Grabkapelle für die Herren von Dreischor. Hinter dem schmiedeeisernen Gitter befinden sich zwei Grabmäler mit Bildhauerarbeiten. Die Holzdecke der Grabkapelle ist mit Sterbeszenen bemalt. Der frühere Anbau von Flachs und Färberröte hat den Ort geprägt. Bis 1900 wurde Färberröte angebaut und bis 1953 Flachs. Im **Museum Goemanszorg** in dem Bauernhof Goemanszorg (18. Jh.) ist die Flachs- und Färberröte-Verarbeitung dargestellt.

Grabkapelle mit den Grabmälern der Herren von Dreischor

Museum Goemanszorg
Molenweg 3. ***Tel.*** *0111-402303.*
www.goemanszorg.nl Mitte
April-Oktober: täglich *11-17 Uhr.*

Umgebung:
1374 wurde mit der Eindeichung eines neuen Polders begonnen, **Noordgouwe** genannt. Später entstand im Polder ein Dorf mit demselben Namen. Eine Gracht trennt die Reformierte Kirche von den oft weiß gegipsten Häuschen und Bauernhöfen (18. Jh.). Am Kloosterweg stehen fünf Witwenhäuschen, ein Geschenk von Maria de Pottere. Der "Meestoof" (Scheune, in der die Wurzeln der Färberröte getrocknet und zu Pulver verarbeitet wurden) Wilhelm III. am Zuid-Bosweg erinnert an die Zeit, in der die Färberröte das wichtigste landwirtschaftliche Produkt von Schouwen-Duiveland war. Das Dorf **Zonnemaire** verdankt seinen Namen dem Krekengebiet Sunnemaire, das einst die Mündung der Gouwe bildete. Durch die Sint-Aagtenflut 1287 wurde die Mündung nach Dijkwater verlegt und die Sunnemaire wandelte sich in ein Gebiet mit Schlickböden und Groden. Sunnemaire wurde 1401 auf Initiative von Albrecht von Bayern eingepoldert. Die neue Reformierte Kirche von 1867 stört etwas den Charakter des Dorfs. Das auffallende Haus mit dem Treppengiebel ist das Geburtshaus des Physikers **Pieter Zeeman** (1865-1943), der gemeinsam mit seinem Kollegen Hendrik Antoon Lorentz 1902 den Nobelpreis für Naturwissenschaften erhielt. Im 17. Jh. bauten wohlhabende Patrizier aus Zierikzee „plaetsen" in dem waldreichen Gebiet rund um das Ausflugslokal **Schuddebeurs**. So entstanden die Landsitze Mon Plaisir, Welgelegen, Weelzicht und Heesterlust. Die Bewohner ließen rund um die Villen Wälder und Parks anlegen.

Prof. Zeeman, Nobelpreisträger

Wohnhäuser im Dorfkern von Zonnemaire

Dijkwater

Das Naturgebiet Dijkwater (130 ha) bei dem Dorf **Sirjansland** besteht aus alten Fahrrinnen, kleinen Deichen, Weideboden und Wald. Im Laufe der Zeit versandete die Gouwe; der nördliche Teil des Krekengebietes, Dijkwater, blieb offenes Wasser.
Bei Hochwasser fuhren die Schiffe von der Grevelingen durch die Fahrrinne zu den kleinen Häfen. 1953 schlug das Wasser mehrere Breschen in den Deich.
Ein Jahr später wurde das Dijkwater abgesperrt. Der **Stevensluiswanderweg** (4,5 km) führt über den alten Seedeich entlang der alten Fahrrinne und den früheren kleinen Häfen. Von der "Gluurmuur" (Mauer) aus können Sie Vögel beobachten.

Ringdorf Dreischor

Dreischor ist das Paradebeispiel eines (Kirche) Ringdorfes. Kirche und Kirchhof (jetzt ein Grasfeld) liegen auf einer Anhöhe mitten im Ring. Nur in Dreischor und Noordgouwe wird das Grasfeld von einer ringförmigen Gracht begrenzt. Auch die Häuser, Geschäfte und Bauernhöfe liegen in einem Ring um die Kirche. Alle anderen Straßen führen zu dem Ring. Andere Beispiele von Ringdörfern auf Schouwen-Duiveland sind: Renesse, Noordwelle, Burgh-Haamstede, Ouwerkerk, Kerkwerve und Nieuwerkerk. Serooskerke hat eine mehr rechteckige Form.

Wandern durch Dreischor

Die Adrianuskerk aus dem 14. Jh.

Das Museum Goemanszorg liegt an der Ringroute

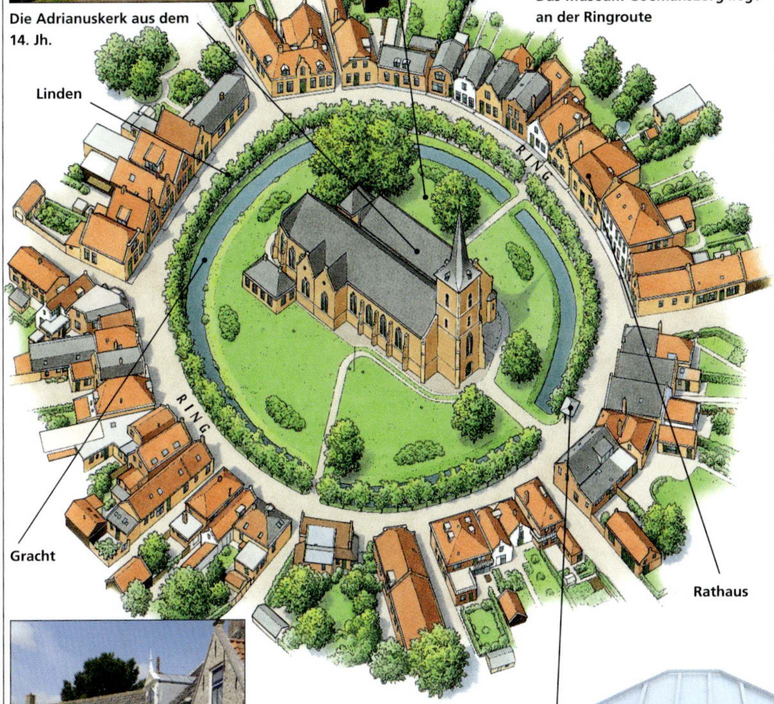

Häuser am Ring

RINGROUTE

Start: *Ring.* ***Länge:*** *3 km.*
Markiert. Eine Runde um die Kirche, an den schwarzgeteerten Flachsscheunen und dem **Museum Goemanszorg** vorbei.

Der Notstall (Travalje) am Ring

Nationalpark Oosterschelde

Der größte Nationalpark der Niederlande steht über das Sturmflutwehr in offener Verbindung zur Nordsee. Darum gibt es hier noch immer den Gezeitenwechsel, wodurch bei Flut Schlickböden und Sandriffe in den Wellen verschwinden, um bei Ebbe wieder trockenzufallen. Tausende Vögel finden hier Raum, um zu fressen, sich auszuruhen und zu brüten. Besondere Pflanzen und Tiere haben hier einen Platz gefunden. Auch in wirtschaftlicher Hinsicht ist die Oosterschelde von großer Bedeutung: Der Wassersport floriert und die Fischerei liefert Zeeuwse Muscheln, Austern und Hummer.

Sporttaucher
Die Oosterschelde ist ein Mekka für Sporttaucher.

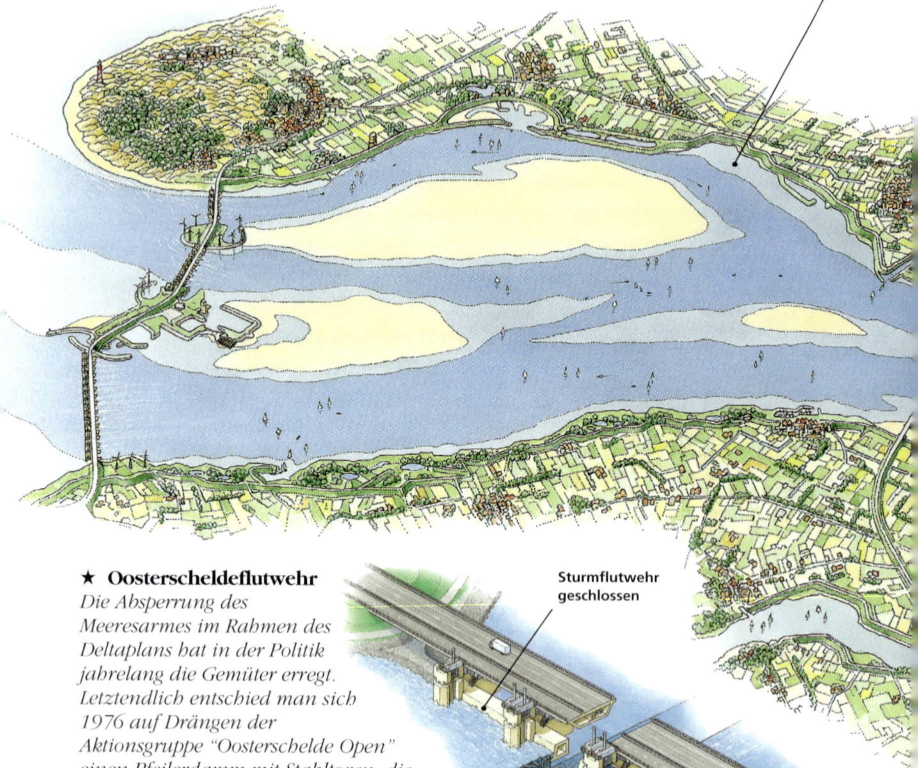

★ Oosterscheldeflutwehr
Die Absperrung des Meeresarmes im Rahmen des Deltaplans hat in der Politik jahrelang die Gemüter erregt. Letztendlich entschied man sich 1976 auf Drängen der Aktionsgruppe "Oosterschelde Open" einen Pfeilerdamm mit Stahltoren, die bei Sturm geschlossen werden können. Seit 1986 ist das 9 km lange Sturmflutwehr in Gebrauch. Durch den Pfeilerdamm blieben der Oosterschelde Salzwassermilieu und Gezeitenbewegung erhalten, wodurch auch die Muschel- und Austernzucht fortgesetzt werden konnte. Bei ruhigem Wetter sind die Stahltore offen; bei schwerem Sturm werden sie geschlossen, und das Oosterschelde-Sturmflutwehr wird dann zu einem starken Damm gegen das Seewasser.

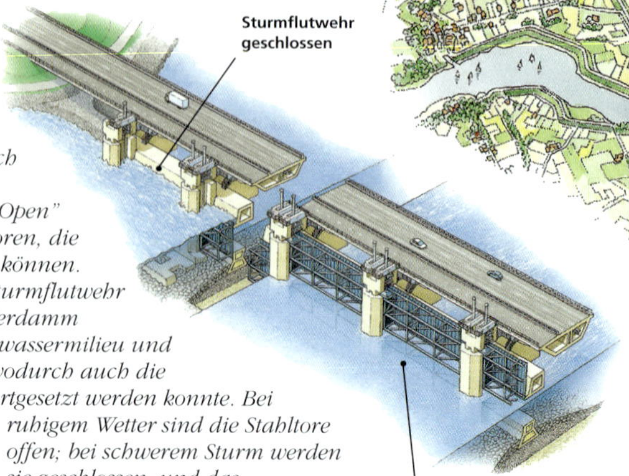

NICHT VERSÄUMEN

- ★ Oosterschelde-Sturmflutwehr
- ★ Unterwasserwelt

Zeelandbrücke
Die Zeelandbrücke ist 5066 m lang und stützt sich auf 54 Pfeiler. Die Brücke wurde 1965 eröffnet und verbindet Schouwen-Duiveland mit Mittel-Zeeland. Bis 1993 war sie eine Zollbrücke.

INFOBOX

Straßenkarte C2-D2.
www.npoosterschelde.nl

OOSTERSCHELDEPAD
Start: *u.a. NS-station Kruiningen-Yerseke.* ***Länge:*** *196 km.* ***Wanderführer:*** *im Buchladen oder VVV (Touristenbüro) erhältlich.*
Auf der Wanderung von Moriaanshoofd nach Zierikzee (ca. 10 km), Teil des Oosterscheldepfades, bekommen sie einen Eindruck von Natur und Geschichte der Oosterschelde.

★ Unterwasserwelt
Unter Wasser leben Algen, Krebse, Schnecken, Fische und Tintenfische.

SANDHUNGER

Durch die teilweise Absperrung der Oosterschelde sind Hunderte Hektar Groden und Schlickböden verschwunden und es werden noch mehr verschwinden. Das kommt, weil die Fahrrinnen versanden, dadurch strömt das Wasser nicht mehr schnell genug durch die Oosterschelde. Der Sand kommt infolge der Absperrung nicht mehr aus der Nordsee, sondern aus der Oosterschelde selbst. Dieser Sandhunger hat dazu geführt, dass schon große Flächen an Groden und Schlickböden verschwunden sind.

Blühende Groden
Auf den Groden am Rand der Oosterschelde gedeihen besondere Salzpflanzen wie Strandnelken.

Veere im Überblick

Giebelstein Kapellestraat

Veere, die einst so mächtige Handelsstadt am Veerse Gat, gehörte im 16. und 17. Jahrhundert zu den sechs größten und einflussreichsten Städten von Zeeland. Heute ist Veere ein verträumtes Städtchen am Veerse Meer, das durch den wachsenden Tourismus gerettet wurde. Künstler hatten schon früher die besondere Atmosphäre von Veere entdeckt. Im Alten Hafen haben die reich beladenen Schiffe aus Schottland den Vergnügungsyachten Platz gemacht. Die Speicher und Kaufmannshäuser am Kai erinnern an die Glanzzeit von Veere.

Hafen von Veere
Veere im 17. Jahrhundert. Illustration aus der "Nieuwe Cronyk von Zeeland" aus 1682 von Mattheus Smallegange (1624-1710).

★ Stadhuis
In dem schlanken Turm des spätgotischen Rathauses hängt ein Glockenspiel mit 47 Glocken.

Kai
Im Alten Hafen schaukeln jetzt die Vergnügungsyachten.

NICHT VERSÄUMEN

- ★ Grote Kerk
- ★ Museum De Schotse Huizen
- ★ Stadhuis

Zakkendragershuisje (Sackträgerhäuschen)
Dieses Häuschen aus dem 17. Jh. wurde von der Gilde von St. Jan, der Sackträgergilde, benutzt und diente später als Gefängnis und Lager.

Campveerse Toren
Dieser Verteidigungsturm wurde gegen 1500 erbaut, bietet jedoch schon seit 1540 "luyden van qualiteit" (hochgestellten Personen), Passanten und Gästen Speisen von Land und See.

INFOBOX

Straßenkarte B2.
www.veere.nl
Oudestraat 28, Veere (0118 506110, **www**.vvvzeeland.nl/de*).*

LEGENDE

Routenempfehlung

★ Museum De Schotse Huizen
Reiche schottische Kaufleute ließen im 16. Jahrhundert am Kai große Wohnhäuser und Speicher bauen.

★ Grote Kerk
Die imposante Kirche hat eine bewegte Geschichte vom Gotteshaus über Militärkrankenhaus, Armenhaus bis zu einem Kulturzentrum.

Rathausfassade mit den Statuen der Herren und Frauen von Veere

Veere

Im Überblick S. 46-47.

Museum De Schotse Huizen

Kaai 25-27. **Tel.** *0118-501744.* **www.**schotsehuizen.nl *Mitte April-Okt.: tägl. 13-17 Uhr.*

Nicht zuletzt dank der Hochzeit 1444 von Wolfert IV van Borselen mit Maria Stuart, der Tochter des schottischen Königs James I, erhielt Veere 1541, nachdem fast ein Jahrhundert verhandelt worden war, das Stapelrecht auf schottische Wolle. In diesem Vertrag wurde festgelegt, dass Wolle und Schafsfelle aus Schottland ausschließlich in Veere gelagert und verkauft werden durften. Diese Handelskontakte brachten Veere großen Wohlstand. Die Stadt verlor das Stapelrecht 1799, und die schottische Episode geriet in Vergessenheit. Die Häuser **Het Lammetje** und **De Struys,** heutzutage bekannt als die schottischen Häuser, wurden im 16. Jahrhundert für schottische Kaufleute gebaut. Die letzten Bewohner van De Struys, der britische Kunstsammler Albert Ochs (1857-1921) und seine Tochter Alma Oakes (1889-1987), waren die treibende Kraft, durch die die Kunstkolonie in Veere international und national bekannt wurde. Aus ihrem Nachlass wurden die beiden Stilzimmer und die Sammlung Volkstrachten im Museum eingerichtet. In der großen Halle stehen die Originalstatuen der Familie Van Borselen aus dem 16. Jh., die einst den Giebel des Rathauses schmückten. Jedes Jahr wird eine Ausstellung der "vergessenen" Künstlerkolonie von Veere gewidmet (1900-1940).

Stadhuis/Stadhuismuseum De Vierschaar

Markt 5. **Tel.** *0118-506604.* *Siehe Website* **www.**devierschaar.nl

Der Markt, ein schmaler und lang gestreckter Platz, wird überragt von dem spätgotischen Rathaus von 1474. Die Frontfassade ist reich ausgeführt mit Ecktürmchen, Fenstern mit Fensterläden und Abbildungen der Herren und Frauen von Veere. Diese versteinerten Van Borselens sind Repliken, die durch Wind und Wetter angegriffenen Originalstatuen stehen im Museum De Schotse Huizen. Im Museum prunkt der **Beker van Veere**, ein ver-

Becher mit einer Abbildung der Truppen von Maximilian und Karl V

DIE GESCHICHTE VON VEERE

Veere entstand im 13. Jh. bei *Campenveere* nach Campen (Kamperland) auf Noord-Beveland. Die Niederlassung gehörte zu der Herrschaft Zanddijk und erhielt 1348 eine eigene Pfarrkirche. Zum schnellen Wachstum trug auch die einflussreiche Familie Van Borselen bei, die das in der Nähe liegende Schloss Sandenburgh bewohnte. Die Stadt kam im 14. Jh. durch den Heringfang und den Handel mit Schottland zur Blüte. Etwa 1550 wurde Veere offiziell ein schottischer Stapelplatz und auch Sitz der Zeeländischen Admiralität (Marine). Die Stadt schlug sich 1572 auf die Seite von Wilhelm von Oranien. Ende des 16. Jh. bekam die Stadt neue Befestigungsanlagen mit fünf Bastionen. Nach 1700 setzte der wirtschaftliche Rückgang ein. Die Bevölkerung nahm ab und Häuser wurden abgebrochen. Nach der Absperrung des Veerse Meer (1961) wurde der alte Hafen zum Yachthafen umgestaltet.

goldeter Silberbecher von ca. 1548. Karl V schenkte Maximilian von Egmond diesen Becher als Dank für die gewährten Dienstleistungen. Über eine Erbschaft kam der Becher 1551 in den Besitz von Maximilian von Burgund, Herr von Veere (1540-1548). Dieser schenkte den Becher der Stadt Veere. 1555 verlieh Karl V Maximilian von Burgund den Titel Markgraf von Veere und Vlissingen. Dank dieses Titels erhielt er als Abgeordneter der Edlen Sitz in den Provinzialstaaten von Zeeland. Nach seinem Tod kaufte Wilhelm von Oranien 1581 aus der Konkursmasse den Titel, um so die Zeeuwse Politik in den Griff zu bekommen. Die Königin ist daher noch immer Markgräfin von Veere, und wenn sie zu Besuch kommt, darf sie aus dem Becher trinken, was 2005 während ihres 25jährigen Amtsjubiläums geschah.

Grote Kerk/Muziek Podium Zeeland

Oudestraat 26.
Tel. *0118-623650.* **www.** muziekpodiumzeeland.nl
Ende Apr-Ende Sep: Di-So 11-17 Uhr.
Der Bau der großen mittelalterlichen O.L. Vrouwekerk (Große Kirche) wurde nach fast zwei Jahrhunderten 1521 vollendet. Der Turm wurde wegen fehlender Mittel nur teilweise fertiggestellt. 1686 richtete ein Brand großen Schaden an. In der französischen Zeit (1795-1813) war in Mittelschiff und

Der heutige Innenraum der mittelalterlichen Grote Kerk

Transept ein Lazarett untergebracht. Dafür wurden Böden angebracht und Fenster zugemauert. Die Gläubigen zogen sich in die Kleine Kirche zurück, die Mittel- und Südchor umfasste. Nach 1813 wurde die Kirche als Werkstätte und psychiatrische Anstalt benutzt. Seit den siebziger Jahren hat die Kirche eine kulturelle Funktion. Vom Turm aus hat man eine weite Aussicht über Mittel-Zeeland.

Giebelstein Kaai

Rundgang Veere

Start: *Oranjeplein.* ***Länge:*** *4 km.* ***Broschüre:*** *beim VVV (Touristenbüro) erhältlich.*
Bereits 1390 war Veere mit Mauern und Grachten verstärkt. **De Campveerse Toren**, ein halbrunder Verteidigungsturm, war Teil dieser Festungswerke. Seit 1540 wird der Turm als Gasthof genutzt. 1585 wurden die Stadtmauern abgebrochen und durch Wälle mit fünf Bastionen und Festungen ersetzt. Während der französischen Besatzung (1810-1813) wurde eine sogenannte "Manschette", bestehend aus sechs Bastionen und durch Wälle miteinander verbunden, angelegt. Davon ist nur der nördliche Teil erhalten geblieben.

Cisterne

Oudestraat.
Die durch die schottischen Wollhändler mitfinanzierte **Zisterne** (de Fontijn) wurde 1551 durch ein achtseitiges Gebäude mit Zeltdach überdacht, vermutlich ein Entwurf

Die Einwohner von Veere gaben der Zisterne den Namen De Fontijn

eines Sprösslings der Familie Keldermans. Das Wasser vom Dach der großen Kirche wurde über Rohre zu der Zisterne geleitet. Auf einer der geschlossenen Seiten ist das Wappen von Veere angebracht.

Die grünen Wälle erinnern an die Festungsanlagen von Veere

Domburg

't Groentje mit der Büste von Dr. Mezger, gestiftet "von seinen dankbaren Patienten und Verehrern", ist ein kleiner gemütlicher Platz. Die Ooststraat, die nach dem Markt in die Weststraat übergeht, ist eine Aneinanderreihung von Terrassen und Geschäften. Das **Marie Tak van Poortvliet Museum** wurde im Mondriaanjahr 1994 gebaut. Es ist eine

Ein gemütlicher Platz

Rekonstruktion des 1922 verloren gegangenen Ausstellungspavillons, in dem der Moderne Kunstkreis unter Leitung von Jan Tooroop von 1911 bis 1921 im Sommer ausstellte. Das Museum organisiert Ausstellungen, bei denen ein Künstler, eine Gruppe oder eine Periode im Mittelpunkt stehen. Die **Hervormde Kerk** (Reformierte Kirche) aus dem 14. Jh. war für Piet Mondriaan ein beliebtes Motiv. Die Sommerausstellungen der **Galerie Het Noorderlicht** in der Noordstraat sind einen Besuch wert. Dasselbe gilt für die Ausstellungen in De Galerie im Strandhotel Duinheuvel. Durch die Dünen führt ein Fußweg zum **Hoge Hill.** Von dem Kunstwerk *Uitzichtstapel* (Aussichtstapel) (von Nico van den Boezem) oben auf dem Dünengipfel aus erblickt man ein herrliches Panorama. Der Dichter P.C. Boutens beschrieb, sitzend auf dem Dünengipfel, die Aussicht auf Domburg wie folgt: "weiße Strände und der breite Dünenberg, in dessen letzter Falte das kleine Dorf eingeklemmt ist". Der Boulevard Van Schagen trennt den Strand von Dünen und Dorf. Der Fußweg führt am **Badpaviljoen**, der Villa Carmen Sylva und der Nehalenniabank vorbei. Der Badepavillon (1889) hat eine

DIE GESCHICHTE DOMBURGS

Büste Dr. Mezger

Domburg ist eine der ältesten Städte von Walcheren. Das heutige Domburg entstand nicht weit von der Stelle entfernt, an der die Siedlung Walacrium und die karolingische Burg unter dem Sand verschwanden. 1834 wurde die erste Badekutsche über den Strand zum Meer gezogen: der Anfang von Domburg als Badeort. Seinen Ruhm als Kurort hat Domburg dem Arzt und Masseur Johann Georg Mezger (1838-1909) zu verdanken, der viele internationale und nationale Patienten mit Massagetechniken behandelte. Nicht nur seine Patienten, sondern auch Badegäste wohnten im Badehotel oder in eigenen Villen. Künstler, die von der bizarren Dünenlandschaft und dem besonderen Lichtfall entlang der Küste begeistert waren, folgten dem Beispiel. Jan Tooroop war die Seele der Domburger Künstlerkolonie, die von 1911 bis 1922 ihre Blütezeit erlebte. Nach dem Ersten Weltkrieg ließ das Interesse für Domburg nach. Während des Zweiten Weltkriegs bauten die Deutschen Bunker in den Dünen (Atlantikwall S. 60), für deren Bau verschiedene charakteristische Gebäude gesprengt wurden. 1992 brannte das verwahrloste Badehotel vollständig ab. 1994 wurde das neue Badehotel eröffnet.

Domburg ist bereits seit 1834 ein stark besuchter Badeort

Das heutige Museum ist eine Replik des alten Pavillons

lange Geschichte. Russische Großfürsten, deutsche Prinzen und Künstler waren vor dem Ersten Weltkrieg gern gesehene Gäste. Nach 1970 wurde der Pavillon nicht mehr benutzt. Nach einer gründlichen Renovierung und Vergrößerung wurde der Badepavillon 2008 als Restaurant wiedereröffnet. In Villa Carmen Sylva wohnte einst Elisabeth von Wied, Königin von Rumänien, die unter dem Pseudonym Carmen Sylva Gedichte veröffentlichte. Die **Nehalenniabank** mit der Statue der sitzenden Göttin Nehalennia und ihr zu Füßen ein anhängliches Hündchen, ist die Verbindung zu der römischen Vergangenheit. Hinter den charakteristischen Sommerhäusern und dem Wasserturm liegt der Mantelingwald mit den vom Seewind kurios geformten Bäumen, der ein beliebtes Motiv der Domburger Maler ist.

Baden in het Verleden

Start: *VVV (Touristenbüro)*
Länge: *4,5 km.* ***Broschüre:*** *erhältlich in VVV*

Erleben Sie die Atmosphäre von Domburg, das älteste Seebad in Zeeland; die Kunstgeschichte und den luxuriösen Charakter. Maler sind am Strand oder in den Dünen vom schönen Zebus Licht inspiriert.

Marie Tak van Poortvliet Museum

Ooststraat 10A. ***Tel.*** *0118-584618.*
www.marietakmuseum.nl
April-Anfang Nov.: Di-So 13-17 Uhr.

Galerie Het Noorderlicht

Noordstraat 13. ***Tel.*** *0118-584137.*
www.galeriehetnoorderlicht.nl
Ende Mai-Mitte Sep: Di-So 13-17 Uhr.

Die Nehalenniabank von Guido Metsers auf dem Boulevard

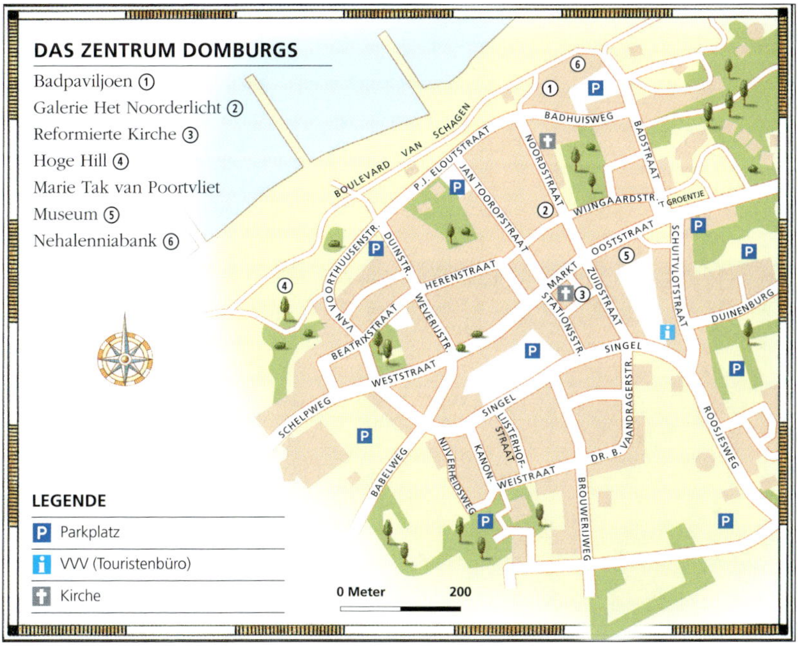

Oostkapelle

Durch den Tourismus erlebte Oostkapelle ein starkes Wachstum. Zwischen Dorf und Dünen wurden große Freizeitgelände angelegt. Vor dem schweren Turm aus den 14. Jh. erhebt sich der 1610 wieder hochgemauerte Rest einer 1572 zerstörten Kirche. Vom **Turm** aus hat man einen schönen Blick auf Walcheren. Im 19. Jh. entstanden in der waldreichen Umgebung die Landsitze Duinvliet, Overduin, Berkenbosch und Zeeduin. Das Naturschutzgebiet **De Manteling** umfasst verschiedenartige Gelände. De Manteling ist das älteste Gebiet von Walcheren und besteht zum Teil aus einem natürlichen Eichenwald, der sich bis zur Küste ausdehnt. **Kasteel Westhove** war bis 1572 der Landsitz der Äbte von Middelburg. Viele wichtige Personen waren zu Gast im Schloss. 1572 ging ein Teil des Schlosses durch Brand verloren. Das Schloss ist heute ein Hotel. Das ehemalige Biologische Museum wurde 2006 in **Terra Maris** umbenannt und um eine Glashalle auf dem Innenhof der Orangerie erweitert.
Dieses Museum für Natur und Landschaft erläutert an Hand ständiger und wechselnder Ausstellungen die Entstehungsgeschichte Zeelands. Der Naturlehrgarten ist als ein zeeländischer Landschaftsgarten eingerichtet. **Oranjezon** war mehr als hundert Jahre ein Wasserschutzgebiet. Das Dünengebiet gehört zu den jungen Dünen, die sich zwischen 1200 und 1700 bildeten. Das Gelände besteht aus Strandhafer, Weißdornsträuchern, Dünengrasland und Laub- und Tannenwäldern. In Oranjezon lebt eine große Population Damhirsche.

Im Schloss Westhove empfing der Abt von Middelburg seine Gäste

Oranjezon

Start: *Koningin Emmaweg (Tankstelle Oranjezon).* *Tageskarte.*
Drei Wanderrouten (4, 4,5 und 5 km) führen durch offene Dünen, Dünentäler und an Anlagen zur Wassergewinnung vorbei. Von den hohen Dünengipfeln aus sind die Nordsee, das Oosterscheldeflutwehr und die Kirchtürme der Dörfer zu sehen.

Turm der Reformierten Kirche

Waterstraat 2.
Juli-Aug: Di und Fr ab 19 Uhr.

Terra Maris

Duinvlietweg 6. ***Tel.*** *0118-582620.*
www.terramaris.nl *Mitte April: tägl. 10-17Uhr, Nov-Apr: Mi-Fr 12-16 Uhr; Sa-So 12-17 Uhr (Schulferien auch Mo und Di).*

In Terra Maris wird die Entstehungsgeschichte Zeelands geschildert

Umgebung:
Vrouwenpolder entstand um 1300 in einem kurz zuvor eingepolderten Gebiet. Das Dorf wurde ein wichtiger Wallfahrtsort, da in der Kirche ein wundertätiges Gemälde von O.L. Vrouwe in de Polder hing. Die kleine Kirche wurde 1572 fast vollständig zerstört. 1623 wurde die heutige **Hervormde Kerk** (reformierte Kirche) dort gebaut. Dem Gemälde ist erstaunlicherweise nichts passiert. In der Petrus- und Pauluskirche in Middelburg hängt eine Kopie des Gemäldes aus dem 16. Jh. Nordöstlich des Dorfes liegt **Fort Den Haak**, das 1588 zum Schutz des Veerse Gat errichtet wurde. Um das Fort wurde ein subtropischer Garten mit Palmen, Bananenpflanzen, Oliven- und Zitrusbäumen angelegt. Nicht weit von Vrouwenpolder entfernt liegt **Deltapark Neeltje Jans** *(Seite 61)*.

Reformierte Kirche in Vrouwenpolder

Fort Den Haak

Fort den Haakweg 38, Vrouwenpolder. ***Tel.*** *0118-594495.*
www.fortdenhaak.nl *Apr-Okt: Di-So 10-17 Uhr.*

Die Pfähle im Meer bei Zoutelande bieten Schutz gegen die Abtragung der Küste durch die Brandung

Westkapelle

Der Strand zwischen Vlissingen und Westkapelle wird wegen seiner südlichen Lage die ‚Zeeuwse Riviera' genannt. Westkapelle, heute ein gut besuchter Badeort, war bis zum Zweiten Weltkrieg eine geschlossene Gemeinschaft von Deicharbeitern zur Wartung des Seedeichs. Die Siedlung an der Küste entwickelte sich zu einer wichtigen Handelsstadt, die 1223 Stadtrechte erhielt. 1428 waren die Dünen vor der Stadt fast verschwunden. Letztendlich gingen ein Teil der Stadt und der Hafen in den Wellen unter. Landeinwärts wurde eine neue Kirche gebaut und der Westkapelse Seedeich angelegt, der seitdem systematisch erhöht und verstärkt wurde. Am 3., 17. und 19. Oktober 1944 wurde der Seedeich bombardiert, um Walcheren zu überfluten. Ein großer Teil des Dorfes wurde zerstört, wobei 180 Menschen ums Leben kamen. Nachdem die Bresche 1945 abgedichtet war, wurde das Dorf im alten Stil wieder aufgebaut. Das Landungsdenkmal auf dem Deich erinnert an die Befreiung durch die alliierten Streitkräfte am 1. November 1944, der Westkapelse Kreek (Kreken sind kleine stehende Gewässer mit Brackwasser) an die Überflutung. Fotos, Modelle, Videobilder und Gegenstände im **Polderhaus Westkapelle** vermitteln einen eindringlichen Eindruck von Deich und Dorf. Der frei stehende Turm gehörte zur um 1432 erbauten Willibrorduskirche. Auf dem Turm erschien 1817 ein Küstenlicht. Nach dem Brand von 1831 wurde die Kirche abgebrochen, der Turm blieb jedoch als **Leuchtturm** erhalten.

Fensterdekoration Polderhuis Westkapelle

Leuchtturm

Kerkeweg 1. *Juli-Aug: Di und Do 10-12 Uhr, Mo und Sa 19-21 Uhr, Sep-Okt: Di und Do 10-12 Uhr, Sa 14-16 Uhr.*

Polderhuis Westkapelle Dijk- en oorlogsmuseum

Zuidstraat 154-156. ***Tel.** 0118-570700.*
www.polderhuiswestkapelle.nl
Apr-Okt: tägl. 10-18 Uhr, Nov-März: Mi-So 11-17 Uhr (Schulferien auch Mo und Di).

Umgebung:

Die Kirche von **Zoutelande** steht am Fuß des Seedeichs. Die Dünen zwischen Kirche und Meer wurden im Laufe der Zeit zu einem schmalen Dünenstreifen reduziert, der 1956 zu einem Deich verstärkt wurde. Der angelsächsische Missionar Willibrord soll der Überlieferung zufolge 690 bei Westkapelle gelandet sein und dort ein Heiligtum zerstört haben. Es entstand ein Willibrorduskult, der Jahrhunderte später nach Zoutelande verlegt wurde, einschl. des Brunnens. Der jahrhundertealte **Willibrordusbrunnen** musste jedoch dem Deich weichen. 1981 wurde eine Replik des Brunnens unten am Deich aufgestellt. Etwa 1900 wurde auch Zoutelande von Künstlern, wie Hart Nibbrig und Bergsma entdeckt. Kurz danach erschienen die ersten Badegäste. Beim Dünenaufgang 't Pauwtje sind zwei Bunker, die 1942 als Teil des Atlantikwalls gebaut wurden *(S. 60)*, als **Bunkermuseum** eingerichtet.

Die Geschichte von Zoutelande ist eng mit Willibrordus verbunden

Bunkermuseum

Duinopgang 't Pauwtje (Duinweg 40), Zoutelande.
www.bunkerbehoud.com *Mai-Okt: So und Mi 13-17 Uhr.*

Vlissingen im Überblick

Statue Schüler Seefahrtsschule

In Vlissingen kann man das Meer auf einzigartige Weise erleben. Die Stadt hat den schönsten (und längsten) Seeboulevard der Niederlande. Auf der Landseite ziehen das Keizersbolwerk, das Standbild des Seehelden Michiel de Ruyter, der Gefängnisturm und der hohe Sardijnturm die Aufmerksamkeit auf sich, während sich auf der Seeseite große Schiffe der Küste bis auf einige Hunderte Meter nähern. Vlissingen dankt seine Entstehung, seinen Charakter und seine Anziehungskraft der Lage an der Westerschelde. Die maritime Vergangenheit der Stadt wird eindrucksvoll im muZEEum präsentiert.

★ Zeeuws maritiem muZEEum
Das Museum befindet sich in dem prächtig restaurierten Lampsinshaus von 1641.

★ Grote oder St.-Jacobskerk
Diese Kirche aus dem 15. Jh. liegt im Herzen des alten Vlissingen.

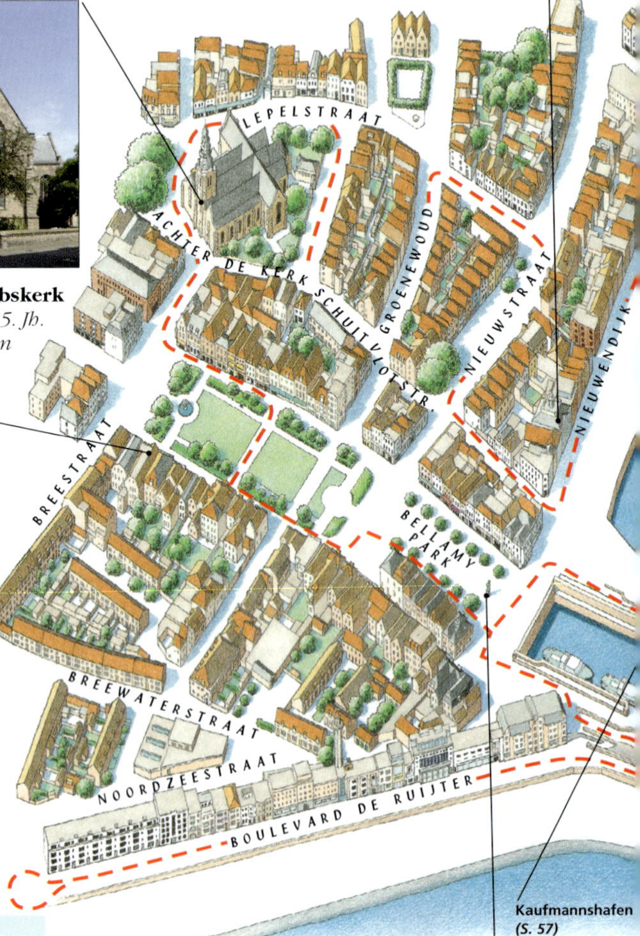

Reptilienzoo Iguana
(S. 56)

Kaufmannshafen
(S. 57)

Standbild Frans Naerebout
(S. 57)

★ Boulevard
Der farbenprächtige Hochbau gibt dem Boulevard ein modernes Ansehen.

NICHT VERSÄUMEN

- ★ Boulevard
- ★ Grote oder St.-Jacobskerk
- ★ muZEEum

LEGENDE

– – – Routenempfehlung

0 Meter 100

INFOBOX

Straßenkarte B3.
www.vlissingen.nl
Spuistraat 46, Vlissingen (0118-715320, **www.**vvvzeeland.nl/de*).*
Straßenfestival, Juli; Film by the Sea, Sep.

Loodshuizen
Die vier verputzten Häuser im Jugendstil in der Spuistraat wurden 1910 für die belgischen Lotsen gebaut.

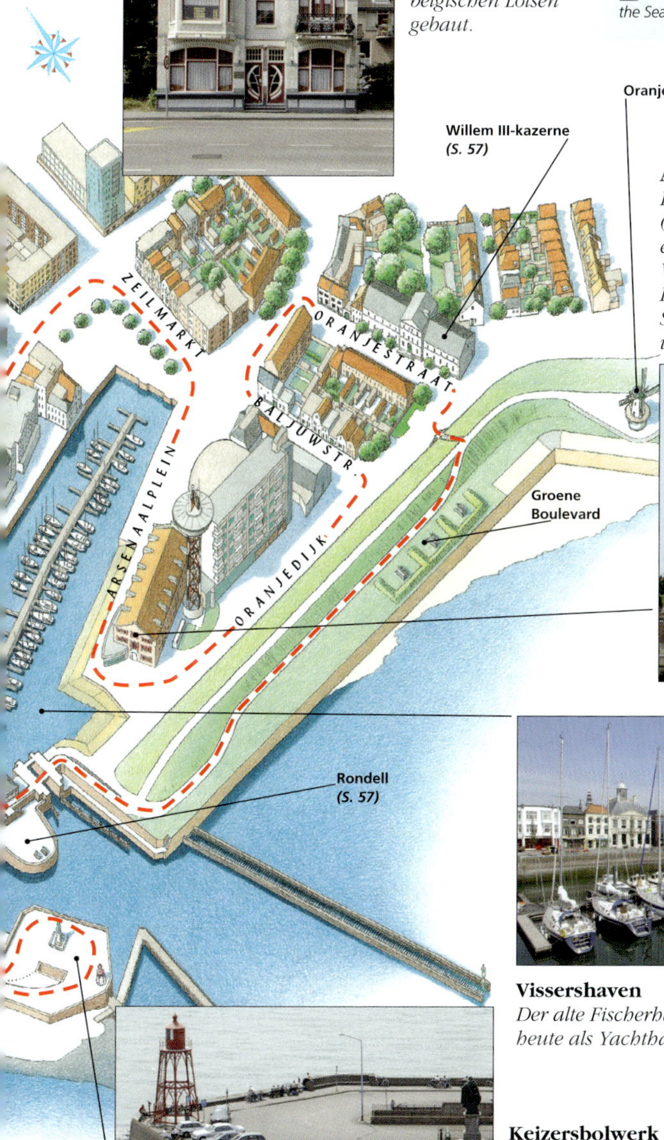

Arsenaal
Im neuen Arsenal (Artillerielager) sind ein überdachter Vergnügungspark mit Piratenpark und ein Seeaquarium untergebracht.

Vissershaven
Der alte Fischerhafen von 1443 wird heute als Yachthafen benutzt.

Keizersbolwerk
Die steinerne Bastion von 1548 wurde nach Kaiser Karl V. benannt. In der französischen Zeit (1795-1813) wurde sie erweitert und verstärkt.

Mississippi-Alligator in dem überdachten Reptilienzoo Iguana

GEMEINDE VLISSINGEN

Straßenkarte B3. *44.700.*
www.vlissingen.nl
Vlissingen, Oost-Souburg.
Spuistraat 46 (0118-715320, **www.**vvvzeeland.nl/de*).*

Vlissingen

Im Überblick *S. 54-55.*

Zeeuws maritiem muZEEum

S. 58-59.

Reptielenzoo Iguana

Bellamypark 35. ***Tel.*** *0118-417219.*
www.iguana.nl
Juni-Sep: Di-Sa 10-17 Uhr, So und Mo 13-17 Uhr, Okt-Mai tägl 13-17 Uhr.

Dort, wo früher das alte Rathaus stand, das bis 1809 als solches in Gebrauch war, befindet sich heute der Reptilienzoo Iguana. In drei Gebäuden rund um einen subtropischen Wintergarten leben gut 500 Reptilien (zu denen Iguana iguana, der grüne Leguan gehört), Amphibien und Insekten.

Arsenaal

Arsenaalplein 1. ***Tel.*** *0118-415400.*
www.arsenaal.com *tägl. 10-19 Uhr.*
Das neue Arsenal, ein Artillerielager von 1823, wurde zu einen großen überdachten Piratenpark und ein Seeaquarium umgebaut. In dem 150.000 Liter großen Ozeantank schwimmen Haie, Rochen und Plattfische. *A pirate's adventure* ist ein spektakuläres Piratenabenteuer. Das 65 m hohe Krähennest bietet eine phantastische Aussicht auf die Häfen von Vlissingen und – bei klarem Wetter – Zeebrugge und Westerschelde.

Grote of St.-Jacobskerk

Oude Markt 2.
www.sintjacobskerk.nl
Mai-Okt: an wechselnden Tagen 13.30-16.30 Uhr, siehe Website.
Im Herzen des alten Vlissingen steht die St. Jacobskirche, die zwischen 1308 und 1328 gebaut und 1500 sowie 1558 vergrößert wurde. Auch der Turm wurde damals erhöht. 1911 wurde

Blick auf den aus dem 14. Jh. stammenden Chor, der älteste Teil der Kirche

Der Gefängnisturm von 1540

DIE GESCHICHTE VLISSINGENS

Floris V kaufte 1294 das Fischerdorf Vlissingen wegen seiner strategischen Lage an der immer wichtiger werdenden Westerschelde. Sein Nachfolger Wilhelm III verlieh Vlissingen 1315 Stadtrechte. 1489 wurde die Stadt mit einem Wall umgeben (Walstraat). Im Laufe der Jahrhunderte wurden neue Häfen gegraben, die 1909 zum Teil wieder abgedämmt wurden. Vlissingen war ein wichtiges Zentrum der (Hering-) Fischerei, des (Sklaven-)Handels und der Kaperfahrt. Als Folge der napoleonischen Kriege war Ende des 18. Jh. ein wirtschaftlicher Rückgang zu verzeichnen. 1809 wurde das Rathaus durch ein Bombardement der Engländer zerstört. Nach 1870 erholte sich Vlissingen durch die Anlage neuer Häfen, des Kanals durch Walcheren und der Eisenbahnlinie. Lange Zeit beherrschte die Schiffswerft De Schelde (heute KSG) das wirtschaftliche und soziale Leben in Vlissingen. Während des Zweiten Weltkriegs war die Stadt ein wichtiges Bindeglied im deutschen Atlantikwall *(S. 60)*. Nach 1960 wurde das Seehafen- und Industriegebiet Vlissingen-Ost entwickelt und um 1990 wurden das Zentrum und die Boulevards vollständig erneuert.

die Kirche durch Brand zerstört und im alten Stil wieder aufgebaut. In den Sommermonaten finden freitags in der Mittagpause Orgelkonzerte auf der Flentroporgel statt.

Cornelia Quack's Hofje

Zeemanserve.

Im Schatten der St. Jacobskirche liegt "Zeemanserve", ein rustikales viereckiges Hofje (kleine Wohnanlage um einen zentralen Hof) mit 23 Häuschen, das 1643 von Fräulein Cornelia Quack gegründet wurde und für Witwen und Waisen von Seeleuten und Fischern bestimmt war.

Willem III-kazerne

Oranjestraat 4. **Tel.** *0118-415505.* **www.**burobk.nl *Mi-So 12-17 Uhr.*

Die Kaserne wurde 1850 gebaut und bot einem Infanteriebataillon (220 Offizieren und Mannschaften) Unterkunft. In dem monumentalen Gebäude ist das Kunstzentrum DeWillem3, das Ausstellungen organisiert und in dem sich das Theater Vestzak 99 der Zeeuwse Komödie befindet, untergebracht.

Seeboulevard

Der Boulevard wurde im Laufe der Zeit viele Male geändert. Der erste Teil, Boulevard De Ruyter, schließt an die historische Innenstadt an. Das **Keizersbolwerk** aus dem 16. Jh. mit dem Hafenlicht und dem Standbild von Michiel de Ruyter und dem **Gefängnisturm** aus dem 16. Jh. sind die wichtigsten Blickfänger. Die weiße Seefahrtsschule und der 78 m hohe Sardijnturm sind die auffälligsten Gebäude am Boulevard Bankert. Zwischen dem Turm und der Strandbefestigung liegen die Löwentreppen. Boulevard Evertsen, der letzte Teil, endet bei der Villa "Het Wooldhuis". Hellehoofd verbindet die Küstenbefestigung mit den Dünen. Die **Windorgel** ist der passende Abschluss des Boulevards.

Windorgel an der Spitze des Seeboulevards, entworfen von dem Brüsseler Künstlerkollektiv Mass & Individual Moving

LOTZENWESEN

Vom **Koopmanshaven** aus fahren die niederländischen (erkennbar an der Flagge mit dem L von Lotse) und die flämischen (mit dem P von Pilot) Schiffe aus, um die Lotsen an Bord der Seeschiffe zu bringen. Für die Strecke von der Nordsee bis Vlissingen wird ein Seelotse an Bord gebracht. Für den Teil von Vlissingen bis Antwerpen kommt ein Flusslotse an Bord. Außerdem sorgen künstliche Beleuchtung, Bojen und Radaranlagen am Wall für eine sichere Schifffahrt auf der Westerschelde. **Frans Naerebout** (1748-1818) war der Urvater des Vlissinger Lotsenwesens. Er hatte die Aufgabe, Schiffe sicher in die und aus der Scheldemündung zu lotsen. Er rettete mehrmals unter Einsatz seines Leben verschiedene Schiffe vor dem Untergang.

Standbild Michiel Adriaensz. de Ruyter

Boulevard De Ruyter.

Michiel Adriaanszoon de Ruyter (1607-1676) arbeitete in seinen jungen Jahren als Lehrjunge in einer Seilerei. Anschließend war er in der Handelsschifffahrt tätig und nach 1652 in leitenden Positionen bei der Kriegsflotte. Er nahm an zahlreichen Seeschlachten teil. Höhepunkt war die Fahrt nach Chatham 1667, bei der die englische Flotte vernichtet wurde. Im Dritten Englischen Krieg rettete er die Republik vor dem Untergang, indem er die englisch-französische Flotte besiegte. De Ruyter fiel 1676 bei Sizilien. Sein Grabmal befindet sich in der Nieuwe Kerk in Amsterdam.

Michiel de Ruyter, General-Admiral-Leutnant von Holland und West-Friesland

Groene Boulevard

Der Boulevard verbindet das aus dem 16. Jh. stammende Rondell am Hafen mit den Schleusen des Binnenhafens. Der Beobachtungsbunker 143 ist als kleines **Museum** eingerichtet. Die Oranjemolen auf dem Oranjebolwerk war ursprünglich eine Graupenmühle, die bis 1797 der Stadt gehörte.

Bunkermuseum Vlissingen

Oranjedijk. *Mai-Okt: So 13-17 Uhr.* **www.**bunkerbehoud.com

Zeeuws maritiem muZEEum

Shuh aus Schiffswrack

Das Museum ist in dem prächtig restaurierten Lampsinshaus von 1641 untergebracht. Die Kollektion bietet einen Überblick über die großartige zeeländische maritime Geschichte vom 16. bis 20. Jahrhundert, verteilt über vier Themen: Wasser, Arbeit, Blütezeit und Abenteuer. In zwei hintereinander stehenden monumentalen Speichern werden Wechselausstellungen über zeeländische maritime Themen organisiert.

Touwslagerwiel (Seilmacherrad)

"In einem blau karierten Kittel drehte er an dem großen Rad ..." Das Rad stammt aus der Seilerbahn der Reederei Lampsins, an dem nach dem bekannten Lied aus dem 19. Jahrhundert Michiel de Ruyter gedreht haben soll.

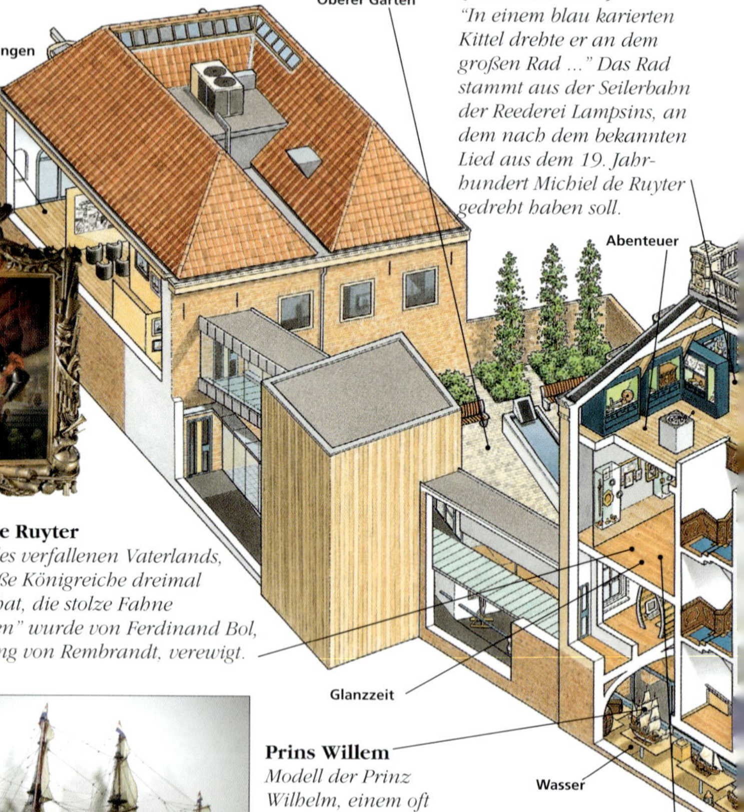

★ Michiel de Ruyter

Der "Retter des verfallenen Vaterlands, der zwei große Königreiche dreimal gezwungen hat, die stolze Fahne niederzuholen" wurde von Ferdinand Bol, einem Lehrling von Rembrandt, verewigt.

Prins Willem

Modell der Prinz Wilhelm, einem oft gebrauchten Typ VOC-Schiff aus dem 17. Jahrhundert.

Geldkiste

Geldkiste aus dem Wrack des VOC-Schiffs 't Vliegend Hart.

NICHT VERSÄUMEN

- ★ Michiel de Ruyter
- ★ Schiffswand
- ★ Rede van Vlissingen

INFOBOX

Nieuwendijk 11. ***Tel.*** *0118-412498.* **www.**muzeeum.nl ◯ *Mo-Fr 10-17 Uhr, Sa-So 13-17 Uhr.*

★ Schiffswand
Die Wand ist aus Außenhautplatten von gehobenen Schiffswracks aus der Westerschelde aufgebaut.

Kleiner Turm
Cornelis Lampsins sah vom Dach seines Wohnhauses seine Schiffe schon aus der Ferne ankommen.

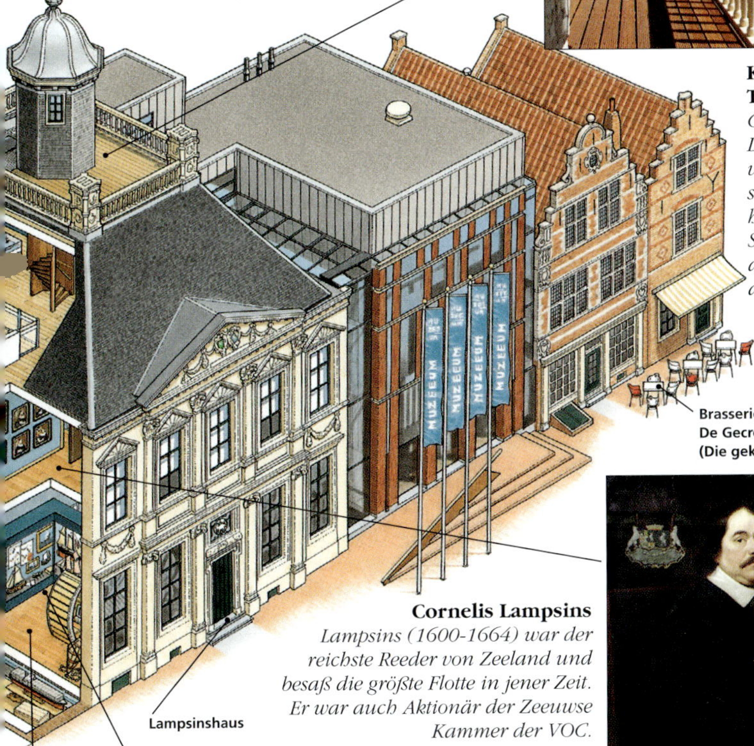

Cornelis Lampsins
Lampsins (1600-1664) war der reichste Reeder von Zeeland und besaß die größte Flotte in jener Zeit. Er war auch Aktionär der Zeeuwse Kammer der VOC.

★ Rede van Vlissingen
Blick auf die Reede von Vlissingen mit Lotsenboot.
Nordniederländische Schule, Gemälde. Leihgabe: Rijksmuseum.

Vom Fort aus wurde die Schifffahrt auf der Westerschelde geschützt

Ritthem

Ritthem strahlt dörfliche Ruhe aus. Die einfache Hervormde Kerk an dem unvollendeten Kirchenring hat einen Turm aus dem 14. Jh. und ein Schiff aus dem 16. Jh. Am Ufer der Westerschelde schlummert **Fort Rammekens** aus dem 16. Jh., das älteste Seefort Europas. Es liegt in dem Naturgebiet **Rammekenshoek,** einem Gelände, das aus einer kleinen Bucht, Laubwäldern, Schilfgürteln und Sträuchern besteht. Die Bucht ist durch den Bombenangriff im Oktober 1944 entstanden. Das Fort wurde 1547 im Auftrag von Maria von Ungarn gebaut, die im Namen von Karl V die Niederlande verwaltete. Der Entwurf stammte von dem italienischen Architekten Donato de Boni Pellezuoli. Vom Fort aus wurden der Zugang zum Hafen nach Middelburg und die Seefahrt auf der Westerschelde kontrolliert. Außerdem konnten die Ostindienfahrer der Kammer Zeeland, die auf der Reede von Rammekens vor Anker lagen, beschützt werden. Unter Napoleon wurde das Fort 1810 verstärkt und erweitert. Nach Abzug der Franzosen kam das Fort wieder in niederländische Hände; 1869 wurde die Militärfunktion aufgehoben.

Auf dem Weg zum Fort

Fort Rammekenshoek

Start: *P Rammekensweg.* ***Länge:*** *5 km.* ***Markierung:*** *kleine blaue Pfähle.*

Spaziergang durch das Krekengebiet, über den Seedeich und rund um Fort Rammekens.

Fort Rammekens

Rammekensweg. *Ende März-Okt: Di-So 13 –17 Uhr.* *Ende März-Okt: Di-So 13 –17 Uhr. Juli-Aug: anmelden beim Zeeuws maritiem muZEEum.* **www.**fortrammekens.nl

Oost-Souburg

Auf dem Plan fällt das kreisförmige offene Gelände auf, um das sich die Bebauung konzentriert hat. Der Name Souburg (abgeleitet von Sutburch, die Südburg) erinnert an die **karolingische Burg**, eine um 880 entworfene Befestigungsanlage gegen die Normannen. In der Burg entstand eine kleine Siedlung, die Ende des 10. Jh. verlassen wurde. Die Bewohner zogen zu einer westlicher gelegenen Siedlung, dem späteren West-Souburg. Erst nach 1250 war wieder die Rede von einer Siedlung rund um die Burg. 1994 wurde die Burg restauriert, wobei ein Teil des Erdwalls wieder hergestellt, das westliche Eingangstor gebaut, die übrigen Tore sichtbar gemacht und der Weg über das Innengelände angelegt wurde.

Die karolingische Burg in Oost-Souburg ist deutlich erkennbar

Karolingische Burg

Karolingenbaan. *tägl.*

ATLANTIKWALL

Der Atlantikwall wurde zwischen 1942 und 1945 von den Deutschen entlang der norwegischen Küste bis zur französisch-spanischen Grenze errichtet. 1944 wurde die Küste Walcherens mit bombenfesten Bunkern, Kampfbatterien und Absperrungen ausgerüstet. Die Landfront, eine Verteidigungslinie auf der Landseite von Vlissingen, bestand aus einem Panzergraben und Bunkern. Damit sollte Vlissingen gegen einen alliierten Angriff über Land geschützt werden. Die Linie läuft von Groot-Valkenisse über Koudekerke bis zum Fort Rammekens. Die Landfront Vlissingen ist noch fast vollständig intakt.

Unterkunft der Mannschaften Bunker 502 (Zoutelande)

Deltapark Neeltje Jans

In Waterland dreht sich alles um Wasser. Der Vergnügungspark wurde auf der Arbeitsplattform Neeltje Jans, einer größtenteils künstlichen Insel mitten im Oosterschelde-Sturmflutwehr, angelegt. In der Delta-Expo wird der Kampf gegen das Wasser veranschaulicht: die Flutkatastrophe vom Februar 1953, die Deltawerke und der Pfeilerdamm. Außerdem befinden sich hier Aquarien, die Welt der Wale, eine Orkanmaschine und ein 3D-Film.

Die spektakuläre Wasserrutschbahn hinunterrutschen

Neeltje Jans

Das Sandriff verdankt seinen Namen dem Fischerboot Neeltje Jans, das um 1780 mit Mann und Maus auf diesem tückischen Sandriff in der Oosterschelde untergegangen sein soll.

Strand Neeltje Jans

Natur

Vom Sandriff über die Arbeitsplattform zum Naturreservat. Das ist in Kürze die Geschichte von Neeltje Jans. Als das Oosterschelde-Sturmflutwehr 1986 fertig war, sah Neeltje Jans aus wie ein "Ödland": eine öde Landschaft aus Sand und Beton, mit Lagerhallen und Schuppen. Heute ist Neeltje Jans eine abwechslungsreiche Dünenlandschaft, die zahlreichen Vögeln Lebensraum bietet.

Neeltje Jans

Start: *Informationsschild auf Parkplatz Neeltje Jans.* ***Länge:*** *4-8 km.* ***Markierung:*** *kleine rote Pfähle.*

P *bezahlt.*

Spazierweg am Reservepfeiler vorbei, entlang der Wasserlinie, der Dünenlandschaft, der Strandseen, der Nordseeförde (Öffnung in der Dünenreihe) und des Mattenhafens. Ein extra Rundweg führt zur Vogelbeobachtungshütte (4 km).

Rundfahrt

Rundfahrt über die Oosterschelde.

Mai-Sep: 13, 14, 15 und 15.30 Uhr.

INFOBOX

Faelweg 5, Vrouwenpolder.
Tel. *0111-655655.*
www.neeltjejans.nl *Apr-Okt: tägl. 10-17 Uhr. (Nov-März siehe Website).*

Die Landschaft aus Sand mit Schuppen und Lagerhallen wurde in eine reizvolle Dünenlandschaft verändert

GEMEINDE NOORD-BEVELAND

Straßenkarte C2. 7300.
www.noord-beveland.nl
Veerweg 40a, Kamperland (0113-371595, **www.**vvvzeeland.nl/de*).*

Fischereifahrzeuge im Hafen von Colijnsplaat

Colijnsplaat

Colijinsplaat ist das schönste Hauptstraßendorf von Zeeland. Bei der Einpolderung des neuen Oud-Noord-Bevelandpolders wurde auch ein Dorf entworfen, namens Colijnsplaat, nach dem Groden, der nach der Einpolderung innerhalb der Deiche lag. Die breite mit holländischen Linden umsäumte Hauptstraße verbindet den Deich mit dem viereckigen bis 1920 von Grachten umgebenen Friedhof mit Kirche. Parallel zur Hauptstraße laufen vier schmalere Nebenstraßen, die mitten zwischen Deich und Friedhof von der Kruisstraat gekreuzt werden. Bei dem Durchlass im Deich steht das Denkmal **"Houen jongens"** von Jan Haas. Bei der Flutkatastrophe von 1953 zeigte sich, dass die schweren Balken, die den Durchlass verschlossen, der Gewalt des Wassers nicht gewachsen waren. Ein kleines Boot, das sich losgerissen hatte, brachte Rettung. Am West-Seedeich steht etwas verloren die Kopie eines Tempels, der der römischen Göttin Nehalennia gewidmet war. In der römischen Zeit lag nördlich von Colijnsplaat die Stadt Ganuenta, ein wichtiges Handelszentrum für die Durchfuhr von Waren nach Brittannien. Colijnsplaat verdankt seinen Aufstieg vor allem der Fischerei. Im Hafen liegen Schiffe aus Colijnsplaat (CP), Arnemuiden (ARM), Kortgene (KG) und Tholen (TH), lauter Orte, die im Laufe der Zeit vom Wasser abgetrennt wurden. Im Frühjahr bringen die Fischerboote lebende Krebse aus der Oosterschelde, die auf der Fischauktion von Colijnsplaat verkauft werden.

Denkmal "Houen jongens"

Die Feuchtgebiete liegen eingeklemmt zwischen Seedeich und Reservedeich

DIE GESCHICHTE VON NOORD-BEVELAND

Bei der Sint-Felixflut am 5. November 1530 verschwand die Insel Noord-Beveland vollständig unter Wasser. Nur der Kirchturm von Kortgene ragte noch aus dem Wasser heraus. Erst nach 1598 entstand durch neue Einpolderungen das heutige Noord-Beveland mit seinen weiten Polderlandschaften und geraden Straßen. Der Spieringpolder bei Kamperland wurde 1856 als letzter trocken gelegt. Auf der Insel gibt es überwiegend Ackerbau. Das fruchtbare Marschland eignet sich ausgezeichnet für den Anbau von Getreide und Zuckerrüben. Die blühende Färberrötekultur verschwand Ende des 19. Jahrhunderts. Noord-Beveland mit dem Veerse Meer und der Oosterschelde ist eine echte Wassersportinsel mit zahlreichen Möglichkeiten zum Schwimmen, Sonnen, Tauchen und Bootfahren. Auf beiden Seiten der Insel gibt es Yachthäfen und Freizeitparks.

Feuchtgebiete Noord-Beveland

Die Nordküste von Noord-Beveland besteht aus einer aneinandergeschlossenen Reihe von **Feuchtgebieten**. Dieser Teil der Küste erlebte eine bewegte Geschichte von Deicheinstürzen, Überschwemmungen und der Anlage neuer Feuchtgebiete. Daraus erklärt sich die unregelmäßige Form der Küstenlinie. Allein zwischen 1800 und 1960 fanden hier mehr als 240 Deicheinstürze statt. Das älteste Feuchtgebiet stammt von 1880; die jüngsten (Keihoogte und 's-Gravenhoek) entstanden 1980, als der Oosterscheldedeich auf Deltahöhe gebracht wurde. Die meisten Feuchtgebiete enthalten Süßwasser und bieten vielen Vögeln Lebensraum. Das Feuchtgebiet Vlietepolder besteht aus ausgedehnten Riedgrasfeldern und kleinen treibenden Inseln aus Torfmoos. Der **Oosterscheldeweg** *(S. 45)* folgt der Küstenlinie von

Ein stimmungsvolles Sträßchen im Künstlerdorf Kats

Colijnsplaat bis zum Oosterschelde-Sturmflutwehr. Vom Deich aus sind die Feuchtgebiete gut zu sehen und an verschiedenen Stellen stehen Vogelbeobachtungshütten. Im Feuchtgebiet Oesterput sind noch Reste vom alten Landwirtschaftshafen vorhanden.

Umgebung:
Kats ist ein kleines Dorf an den Ufern der Oosterschelde. Ab 1809 fuhr von diesem Hafen die Fähre nach Katseveer auf Zuid-Beveland. Nach der Anlage des Zandkreekdammes 1963 wurde die Verbindung stillgelegt. Viele Künstler kamen wegen der Abgeschiedenheit nach Kats; mehrere Wohnzimmer wurden in ein Atelier oder eine Galerie umgewandelt.

Kamperland

Das alte Dorf Campen wurde 1530 vom Meer verschlungen. Das heutige Kamperland entstand nach 1750 am Veerweg, der die Fähre nach Veere mit dem Hinterland verband. Der Schotsman ist ein Naturgebiet am Veerse Meer. Auf der anderen Seite des Veerse Gatdamm liegt der Nordseestrand De Banjaard. In der **Bierbrauerei Emelisse** wird aus biologischer Brauereigerste, die auf der Insel angebaut wird, das Abteibier von Noord-Beveland gebraut. In dem Gebäude, das wie ein Dampfschöpfwerk aussieht, stehen zwei glänzende Braukessel aus Kupfer.

Emelisse Brouwerij & Restaurant
Nieuweweg 7. ***Tel.*** *0113-370262.*
www.emelisse.nl

Veerse Meer
Nach der Absperrung des Veerse Gat trockneten verschiedene Sandplatten wie Haringvreter, Middelplaten und Goudplaat aus. Das Veerse Meer ist 22 km lang, 1,5 km breit und an manchen Stellen mehr als 20 m tief. Das Veerse Meer ist ein gut besuchtes Erholungsgebiet mit Yachthäfen, Campings und Stränden. Über die Kammerschleuse im Zandkreekdamm wird durch das Ein- und Ausströmen des Wassers der richtige Wasserstand (im Sommer hoch, im Winter niedrig) geregelt. Durch die Anlage von zwei Schleusenkammern im Zandkreekdamm hat sich die Qualität des Wassers im Veerse Meer in den letzten Jahren stark gebessert.

Umgebung:
Wissenkerke ist das Verwaltungszentrum von Noord-Beveland. Die Herrenhäuser an der Voorstraat, wie z.B. das Rathaus, geben der Hauptstraße ein vornehmes Aussehen. Bereits 1697 verlor das Dorf nach der Eindeichung des Thoornpolders seinen Hafen. **De Onderneming** ist eine runde Holländermühle, in der seit 1867 Getreide gemahlen wird.

In zwei Kupferkesseln wird das Abteibier gebraut

Molen De Onderneming
Ooststraat 28. *Mo und Mi-Sa 9-18 Uhr, Di 9-12 Uhr.*

Kortgene

Der Turm der Hervormde Kerk aus dem 15. Jh. ist das älteste Baudenkmal von Noord-Beveland. Bei den Überschwemmungen von 1530 und 1532 verschwand Oud-Kortgene im Meer. Wilhelm Adrian von Nassau ließ das Gebiet 1684 einpoldern und die Kirche wieder aufbauen. Auch Kortgene hat eine großzügig angelegte Hauptstraße. Nach der Anlage des Zandkreekdamms entwickelte sich das Dorf zu einem gut besuchten Wassersportzentrum.

Die Mühle De Onderneming in der flachen Landschaft von Noord-Beveland

Goes im Überblick

Detail Statue Beestenmarkt

Goes, die einzige Stadt in Zuid- und Noord-Beveland, erfüllt eine Zentrumsfunktion für die Region Midden-Zeeland. Die vielen Marktplätze, die schmalen Straßen und die Kais am Hafen bestimmen mit der Grote Kerk und dem Rathaus das Stadtbild. Die Namen der Plätze und Kais erinnern noch an die Zeit, da Goes eine blühende Handelsstadt war: Grote oder Korenmarkt, Oude Vismarkt, Vlasmarkt, Beestenmarkt, Kreukelmarkt, Bierkade, Turfkade und Houtkade. Vom Markt sind es nur ein paar hundert Meter zum historischen Hafen und den Kais.

Sint-Maartensbrug
Hinter der Sint-Maartens-Brücke liegt ein ehemaliger Holzhandel mit den dazugehörigen Lagerhallen.

Soepuus
(S. 67)

★ **Haven**
Im Hafen legten die Schiffe an und wurden an den Kais gelöscht.

Haus Karl V
Karl V erließ Goes nach dem Stadtbrand 1554 die Steuern, so dass das Gebäude am Turfmarkt wieder im spätgotischen Stil erbaut werden konnte.

NICHT VERSÄUMEN

- ★ Grote oder Maria Magdalenakerk
- ★ Haven
- ★ Historisch Museum De Bevelanden

INFOBOX

Straßenkarte D3. **www.**goes.nl
🚌 🚆 *Goes* ℹ Singelstraat 13, Goes *(0113-235990,* **www.**vvzeeland.nl/de*).*
🎉 *Goes Kinderstadt (letzter Sa Sommerferien), Bietentocht (Rote Beetenaufzug, Okt.).*

Stadhuis
Das Rathaus am belebten Grote Markt, rechts der auffällige alte Gefängnisturm.

★ Grote oder Maria Magdalenakerk
Diese spätgotische Kirche besitzt eine berühmte Orgel (1641) mit "türkischem Hut".

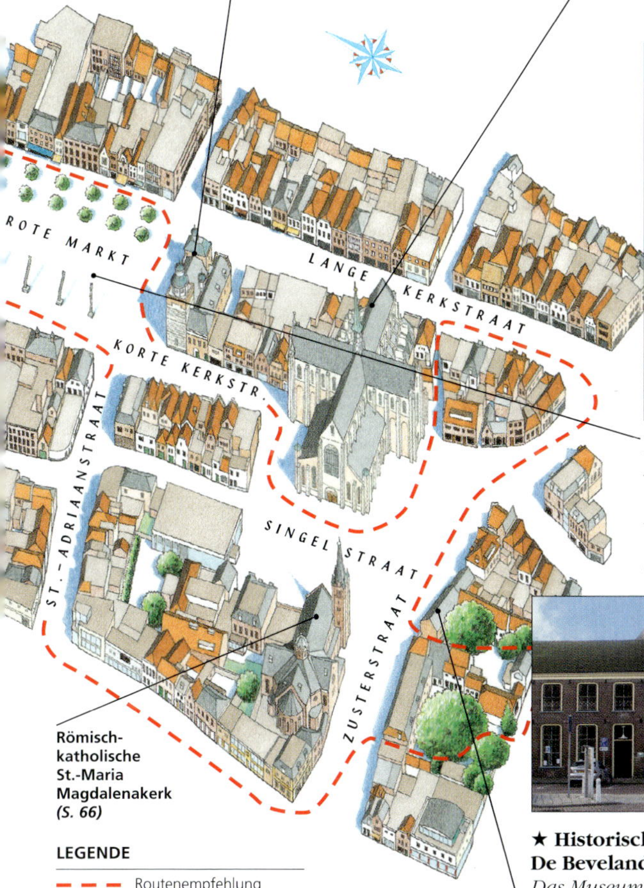

Markttag
Auf dem Grote Markt wird noch jeden Dienstag eine gut besuchter Wochenmarkt abgehalten.

Römisch-katholische St.-Maria Magdalenakerk *(S. 66)*

★ Historisch Museum De Bevelanden
Das Museum befindet sich in dem ehemaligen Waisenhaus, in dem von 1556 bis 1821 die Waisen wohnten.

LEGENDE

– – – Routenempfehlung

0 Meter 100

Giebelornamentik oben Weeshuispoort

GEMEINDE GOES

Straßenkarte D3. *36.000.*
www.goes.nl *Goes.*
Singelstraat 13 (0900-1681666, **www.**vvvzeeland.nl/de*).*

Goes

Im Überblick S. 64-65.

Historisch Museum De Bevelanden

S. 68-69.

Manhuis

Zusterstraat 11.

1655 wurde neben dem Burgerweeshuis *(S.66)* das Männerhaus gebaut. Bis 1689 hatten die Waisen und alten Männer nur ein Eingangstor, danach bekamen die Gebäude jeweils ihr eigenes Tor. Die letzten Senioren verließen das Haus 1962. Das kleine Tor rechts vom Gebäude ist der Eingang zu dem geschützten Männerhausgarten, das kleine Tor links, das Waisenhaustor, zum Museumsgarten.

Grote of Maria Magdalenakerk

Singelstraat 6. **www.***grotekerk-goes.nl*
April-Juni und Sept. - Herbsturlaub: Di und Sa 13-16 Uhr, Juli und Aug.: Di-Sa 13-16 Uhr.

Die spätgotische Kirche beherrscht – obwohl sie keinen großen Turm hat – die Innenstadt. Der alte Chor (von 1415) wurde 1455 durch einen neuen großen dreischiffigen Chor ersetzt. Der Turm wurde um 1550 abgebrochen; das Schiff brannte 1608 ab. Das Schiff wurde wieder aufgebaut, und auf der Vierung entstand ein schmaler Turm. Die Wandelkerk (das Schiff) wird als Ausstellungsraum genutzt, der Chor als Kirche und Konzertsaal. Die imposante Orgel wurde 1641 gebaut.

Grote Kerk mit Orgel

DIE GESCHICHTE VON GOES

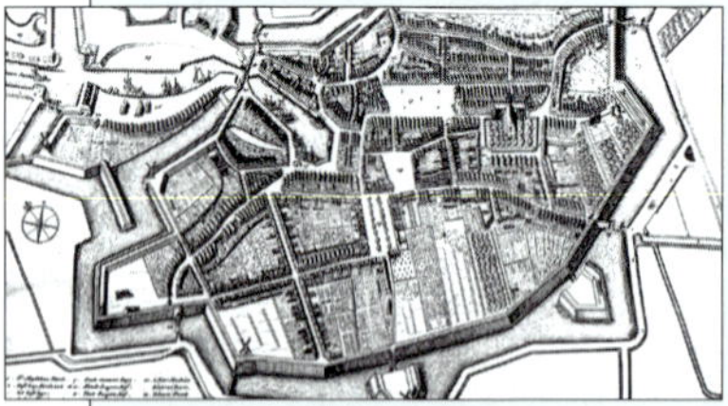

Stadsplattegrond van het 17de-eeuwse Goes

Am Ufer eines Wasserlaufs entstand im 12. Jahrhundert das Dorf Goes. Die Siedlung hatte einen Hafen und über die Schenge (ehemaliger Meeresarm) eine offene Verbindung zur Oosterschelde. 1405 verlieh Graf Wilhelm VI. von Holland Goes Stadtrechte. Seine Tochter Jakoba von Bayern ließ Goes 1417 mit Toren, Wällen und Grachten verstärken. Die Färberrötekultur und die Salzindustrie sorgten für Wohlstand. 1554 brannte ein großer Teil der Stadt ab. Erst 1577 schloss sich die Stadt den Aufständischen unter Leitung von Wilhelm von Oranien an. Der neue Hafenkanal sorgte 1651 für eine gute Verbindung mit der Schenge. Nach dem Abbruch der Wälle um 1865 und der Stadttore breitete sich Goes aus. Im Laufe des 19. Jahrhunderts erholte sich die Wirtschaft durch die Eröffnung des Kanals durch Zuid-Beveland und die Eisenbahnlinie Roosendaal-Vlissingen. Bis zum Zweiten Weltkrieg lag der Akzent auf Handel und Dienstleistungen, nach 1980 verschob sich der Schwerpunkt zur Industrie.

R.K. St.-Maria Magdalenakerk

Singelstraat 9. ***Tel.*** *0113-213045.*
Mai-Anfang Sep: Mo-Fr 12.30-16.30 Uhr oder nach Vereinbarung.
Die neogotische Kirche wurde 1905 nach einem Entwurf von A.A.J. Margy, Jos Margy und J.M. Snickers gebaut. Die Kirche hat eine auffallend farbenfrohe Innenausstattung mit Glasmalereifenstern, bemalten Tonnengewölben und Wandmalereien. Der Altar, die Kanzel und die Chorschranken wurden speziell für diese Kirche entworfen; die übrige Innenausstattung stammt aus der vorherigen Kirche aus dem 19. Jh., die an dieser Stelle stand.

Hafen

Kleine Kade, Turfkade, Bierkade und Grote Kade.
Die Kais mit ihren ansehnlichen herrschaftlichen Häusern und Speichern geben dem

Am Hafen mit seinen Kais stehen schöne historische Gebäude

Hafen ein historisches Ansehen. Das Wohnhaus an der Kleinen Kade 47 aus dem 16. Jh. gehört zu den schönsten Wohnhäusern von Goes. Es erhielt seine heutige Form bei einem Umbau im Jahre 1763. Das Gebäude Karl V an der Turfkade stammt von 1533, wurde jedoch nach dem Stadtbrand 1554 wieder aufgebaut. Die Gezeitenwassermühle an der Kleinen Kade verlor im 18. Jh. ihre Funktion und wurde im 19. Jh. zu einer **soepuus** (Garküche) umgestaltet.

Houtloodsen

Albert Joachimikade

Die ehemaligen Holzlager (1900), umgebaut zu Appartements

Die Holzlager auf der Ostseite des Kais, die als Speicher und Seilerei genutzt werden, wurden zwischen 1890 und 1900 gebaut. 1989 wurden die hölzernen Betriebsgebäude zu Appartements umgebaut. Das neo-klassizistische Strafgefängnis von 1858 diente auch als Amtsgericht und Finanzamt. Der dahinter liegende Zellenkomplex wurde abgebrochen.

Stadhuis

Grote Markt 23. **Tel.** *0113-249600.*
nach Vereinbarung.
Das heutige Rathaus stammt von 1771, als Boudewijn Kramer das alte Rathaus von 1463 umbauen ließ. Zu beiden Seiten des symmetrischen mittleren Teiles stehen zwei Türme, der alte Gefängnisturm aus Ziegelstein mit "Speklagen" (Streifen aus helleren Steinen) und der Eckpavillon mit Kuppeldach und Laterne. Oben auf der Fassade befinden sich zwei Abbildungen, die Vorsicht und die Gerechtigkeit, die das Stadtwappen flankieren.
Hinter dem Rathaus befindet sich die gotische Fleischhalle (heute ein Café-Restaurant). Das frühere Gericht – später ein Hochzeitssaal – hat eine schön verzierte Stuckdecke. Das Rathaus wird für Sitzungen, Hochzeiten und repräsentative Verpflichtungen genutzt. 2005 wurde eine neue Stadtverwaltung an der M.A. de Ruyterlaan bezogen.

Die Gans ziert das Wappen von Goes

Stoomtrein (Dampfeisenbahn) Goes-Borsele

Station SGB, Stephensonweg 9. **www.**destoomtrein.nl *Apr-Juni und Sep-Okt: So und an Feiertagen 11 und 14 Uhr, Juli-Aug: so-mi für Abflüge siehe Website.*
Vom Bahnhof SGB fährt die Dampfeisenbahn Goes-Borsele zu einer nostalgischen Reise durch "De Zak van Zuid-Beveland" ab. 1927 wurde eine Ringlinie Goes-Hoedekenskerke-Goes eröffnet, bereits sechs Jahre später wurde die Personenbeförderung beendet. Nur die Strecke Goes-Hoedekenskerke mit Anschluss an die Fähre nach Terneuzen blieb bis 1947 in Betrieb. Bis 1971 fuhren auf der Strecke nur noch mit Rüben beladene Züge.
Auf dem Gelände stehen eine Werkstatt (1924) und ein Warenlager (1870, heute ein Café-Restaurant), das aus Middelburg stammt.

Watertoren

's -Gravenpolderseweg 9.
Der markante 1912 erbaute Wasserturm hat eine offene eiserne Tragekonstruktion von acht Säulen, auf denen ein Stahlreservoir ruht.

Rundgang durch das historische Goes

Start: *Stadhuis, Grote Markt.*
Routebeschreibung: *beim VVV (Touristenbüro) erhältlich.*
Rundgang entlang der sehenswürdigen Gebäude der Denkmalstadt Goes. Das Straßenmuster der Innenstadt hat sich seit dem 16. Jahrhundert kaum verändert.

De Koornbloem

Paardeweg 6. **Tel.** *0113-249876.*
wenn das Mahlwerk läuft.
In der nördlichen Ecke der Stadt steht eine runde Holländermühle aus Stein von 1801, die einzige übriggebliebene Mühle der elf Mühlen, die es je in Goes gab.

Die Dampfeisenbahn verlässt den Bahnhof von Goes

Historisches Museum De Bevelanden

Das St.-Agneskloster der Schwarzen Schwestern aus dem 15. Jh. wurde nach der Reformation von 1626 bis kurz nach dem Zweiten Weltkrieg als Waisenhaus benutzt. Seit 1970 befindet sich in dem Komplex ein Museum, das in überraschender Weise die Kulturschätze der Bevelanden zeigt. In dem Saal *Met Man en Macht* (Mit Mann und Macht) hängen vier große Schützenstücke. *Blinken en Verzinken* (Glanz und Untergang) handelt von Landgewinnung und Landverlust und den überschwemmten Dörfern. In *Bevelanders* kommen bekannte und unbekannte Niederländer, die auf den Bevelanden geboren sind, wie z.B. der Meteorologe Buys Ballot und Jan Peter Balkenende, zu Wort. *Waar Wezen Waren* (Wo es Waisen gab) berichtet über die traurige Geschichte des Waisenhauses. Auf dem Speicher werden in *Zeeuws Meisje* die regionalen Trachten gezeigt.

★ Zeeuws Meisje
Ein Beispiel der reichen Tracht der katholischen Frauen aus Zuid-Beveland.

Museumcafé
Die Vitrinen vermitteln eine Übersicht des Museums. Gleichzeitig Museumshop.

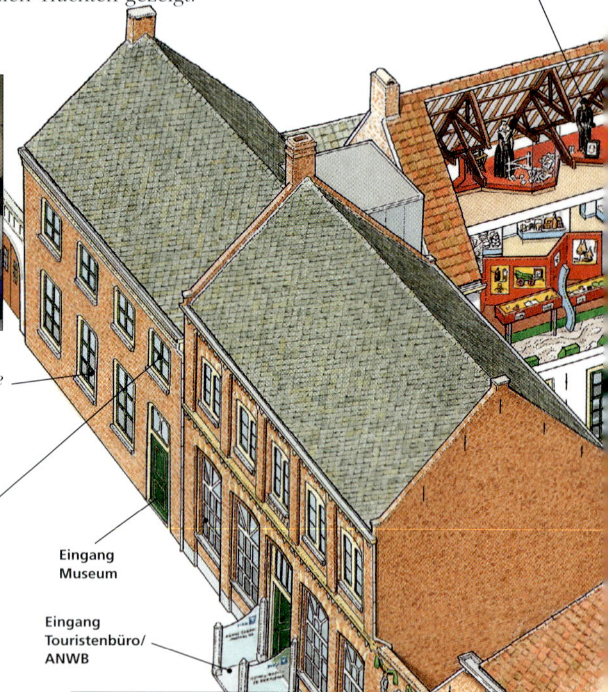

Stad Goes
Die Geschichte der Stadt ab 1405, als Goes seine Stadtrechte und ein Stadtsiegel erhielt.

NICHT VERSÄUMEN

- ★ Zeeuws Meisje
- ★ Blinken en Verzinken
- ★ Schuttersstuk

Weeshuis
Das Tor zum Waisenhaus in der Singelstraat rund 1900.

INFOBOX

Singelstraat 13, Goes.
Tel. *0113-228883.*
www.hmdb.nl
Mo-Fr 11-17 Uhr.
Sa-So 13-17 Uhr.

★ Blinken en Verzinken (Glanz und Untergang)
Regelmäßig werden an der Stelle der untergegangenen Dörfer in der Ooster- und Westerschelde mittelalterliche Fundstücke gefunden, wie eine Pilgerinsigne, eine Brosche und ein goldener Ring mit einer Gravierung von St. Christoffel.

Waar Wezen Waren
Everwijn Mispelblomme und seine Ehefrau Johanna Schoonakker standen im Dienst des Waisenhauses und hatten als Heimeltern die Leitung über die Waisen.

★ Schuttersstuk (Schützenstück)
Schützen waren reiche Bürger, die die Verteidigung der Stadt regelten. Sie waren darauf sehr stolz und zeigten das auf großen Gemälden. Auf diesem Schützenstück sind Mitglieder der St. Sebastiaan-Schuttersgilde und die Offiziere der Bürgerwehr von Goes abgebildet.

Begrafenisschild
Eine silberne Begräbnisplakette der Schiffergilde von ca. 1650.

Im Oosterscheldemuseum wird die Vergangenheit von Yerseke veranschaulicht

Yerseke

Das kleine Bauerndorf Yerseke lebte bis 1870 "mit dem Rücken zum Deich". Auf den Schlickböden in der Oosterschelde kamen seit jeher viele Muscheln und Austern vor, die von Fischern aus umliegenden Dörfern wild abgefischt wurden. 1825 wurde jedoch der "wilde" Muschelfang eingeschränkt. Auch die Bauern aus Yerseke wechselten zur Muschel- und Austernfischerei über. Während der Muschelsaison, die von Mitte Juli bis Anfang April dauert, werden täglich frische Muscheln angeliefert, die in den Verarbeitungsbetrieben wie Deltamuschel und Roem van Yerseke für den Verkauf sortiert werden. Austern werden das ganze Jahr hindurch verkauft.

Statue Muschelmann

Oosterschelde-museum

Kerkplein 1. ***Tel.*** *0113-571864.* **www.**oosterscheldemuseum.nl *Di-Fr 9.30-12.30 und 13-16 Uhr (Juli und Aug: auch Mo 13-16 Uhr und Sa 11-16 Uhr).*

Das Museum befindet sich im alten Rathaus. Anhand von Fotos, Zeichnungen, Schiffsmodellen und alten Werkzeugen wird die Entwicklung der Austernzucht in Yerseke skizziert. Weiterhin werden Themen wie Muschelkultur, Hummer, Gemeine Herzmuschelfischerei und das Milieu in der Oosterschelde beleuchtet.

Mosselveiling

Dregweg. *Über VVV (Touristenbüro) Yerseke.*

Auf der Muschelauktion, der einzigen in der Welt, bieten die Muschelzüchter ihre Anlandemengen zum Verkauf an, die zuvor vom Productschap Vis (Marktverband Fisch) kontrolliert werden. Das Resultat der Kontrolle wird auf der Auktion bekannt gegeben, wonach die Händler über ein elektronisches System bieten können. Nach dem Kauf lässt der Händler die Muscheln zu seiner Muschelbank vor der Küste von Yerseke bringen.

Rundgang Austernbrunnen

Start: *VVV (Touristenbüro), Mitte Juli-Aug: Mi 13 Uhr.*

Führung durch das Zentrum von Yerseke und entlang der Austernbrunnen, die früher einmal das Herz der Austernzucht bildeten.

MUSCHEL- UND AUSTERNFISCHEREI

Muscheln

Im Frühjahr und Herbst fischen die Muschelzüchter während einiger Wochen auf Muschelsamen in der Oosterschelde und im Wattenmeer. Den aufgefischten Samen lässt der Züchter auf so genannte Samenbänke fallen, auf denen die kleine Muschel in zwei Jahren zur Speisemuschel heranwächst. Während dieser Zeit bringt der Züchter die noch nicht verwachsenen Muscheln regelmäßig zu anderen Parzellen, die günstiger liegen oder bessere Wachstumsmöglichkeiten bieten. Die Muschelzucht wird wohl auch als nasser Ackerbau bezeichnet. Nach zwei Jahren werden die Muscheln aufgefischt und zur Muschelauktion in Yerseke gebracht.

Frische Austern

Austern

In der Oosterschelde werden auch Austern gezüchtet. Wenn die Austernsamen in den Monaten Juli und August auf den Boden fallen, klammern sich die Larven an den "Collecteurs" an (Materialien für den Fang freischwimmender Austernlarven), die die Austernfischer auf dem Boden verteilt haben. Früher wurden dazu Dachziegel verwendet, heutzutage Muschelschalen. Auch die jungen Austern werden regelmäßig verlegt. Wenn die Austern für den Verzehr fertig sind, werden sie aufgefischt und an die Händler verkauft. Die Händler bewahren die Austern am Kai in Austernbrunnen aus Beton auf. Die Austern werden mit Wasser aus der Oosterschelde gespült und reinigen sich so von Sand und Wasser (Wässern). Die berühmte flache Zeeuwse Auster wurde nach dem strengen Winter von 1963 durch die importierte japanische Variante (Creuse) verdrängt.

Mosseldag Yerseke

www.mosseldagyerseke.nl

Am dritten Samstag im August steht Yerseke voll und ganz im Zeichen der Muschel. Besucher dürfen sich in der Muschelauktion oder in einem der teilnehmenden muschelverarbeitenden Betriebe umsehen. An den Häfen und bei den Austernbrunnen wird ein Flohmarkt abgehalten. Ab zwölf Uhr können Muscheln gegessen werden. Nachmittags findet eine Flottenparade auf der Oosterschelde statt und rund um den Julianahafen das alljährliche Muschelrock-festival. Der Tag endet mit einem spektakulären Feuerwerk.

In den Austernbrunnen am Hafendeich werden die Austern aufbewahrt

Yerseke Moer

Das Naturschutzgebiet Yerseke Moer ist Teil des so genannten Oudland von Zuid-Beveland, das Breede Watering (breiter Wassergraben) westlich von Yerseke genannt wird. Kurz nach dem Jahr 1000 wurde der ausgedehnte Grodenkomplex eingedeicht. Die Landschaft besteht aus höher gelegenen Kreekanhöhen und niedrig gelegenen Mulden, Wasserstellen und bizarren Parzellierungen. Im Boden der Mulden befand sich eine salzige Torfschicht. Dieser Torf wurde im Mittelalter in großem Umfang abgestochen und für die Salzgewinnung (Moernering) verbrannt. Dadurch entstand diese charakteristische Landschaft, die früher in dem zeeländischen Oudland weit verbreitet war. Im Yerseke Moer ist ein Wanderweg markiert, der bei der Infotafel am Reeweg beginnt.

Die bizarre Landschaft des Yerseke Moer mit seinen alten Flussläufen

GEMEINDE BORSELE

Straßenkarte C4. *22.000.*
www.borsele.nl

Borssele

Die ehemalige Insel Borssele verschwand 1530 in den Fluten. Erst ein Jahrhundert später wurden die Pläne für die erneute Eindeichung realisiert. Der Polder und das Dorf Borssele wurden auf dem Reißbrett von Cornelis Soetwater, einem Deichgrafen aus Goes, entworfen. Das Dorf ist rechtwinklig angeordnet und liegt etwas gedreht hinsichtlich des Schachbrettmusters des Polders. Im Zentrum befindet sich der rechteckige Platz (Plein) mit rundherum einem größeren Rechteck von Singeln (Ringgraben). Am Plein entstand 1849 die Kleine Kerk. Auf der Nordostseite des Dorfes liegt der Berg van Troje, eine schön mit Kopfweiden bewachsene Warft aus dem 11. Jh, auf der sich das Schloss der Herren von Borselen erhob.

Umgebung
Im **Bevrijdingsmuseum Zeeland** in **Nieuwdorp** wird die Schlacht um die Schelde documentiert *(siehe S. 17)*. Tausende von Gegenständen, Fotos und Dokumenten berichten über die schweren Kämpfe im Herbst 1944. **Ellewoutsdijk** liegt am Fuß des Westerscheldedeichs und hat einen kleinen Gezeiten-(Yacht)hafen. Hinter dem Seedeich liegt ein **Fort** von 1835, das seinerzeit zusammen mit den Befestigungsanlagen in Terneuzen zur Verteidigung der Westerschelde diente.

Der rechteckige Platz mit Trinkbrunnen in Borssele

Skulptur auf dem Dorfplatz

Bevrijdingsmuseum
Coudorp 41, Nieuwdorp.
Tel. *0113-671475.*
1 Mai-8 Nov: Di-Fr 13-17 Uhr, Sa 10-17 Uhr; 9 Nov-30 Apr: Mi 13-17 Uhr, Sa 10-17 Uhr

Fort Ellewoutsdijk
Fortweg z/n. *März-Okt:. Di-So 10-17 Uhr (Juli-Aug. auch Ma).*

GEMEINDE KAPELLE

Straßenkarte C4. *12.400.*
www.kapelle.nl

Kapelle

Das **Fruitteeltmuseum** (Obstbaumuseum) richtet sich auf die Geschichte des Obstbaus in Zeeland. Im Museumsgarten stehen Obstbäume verschiedener Sorten. Das alte Dorf liegt in einem Ring rund um die Hervormde Kerk. Über dem Eingang steht die Jahreszahl 1427, das Jahr, in dem die Kirche geweiht wurde. Der 67 m hohe Turm mit Ecktürmchen und Spitze stammt aus dem 14. Jh. Im Pfarrhaus der Kirche wurde 1911 die bekannte Kinderbuchautorin Annie M.G. Schmidt geboren.

Fruitteeltmuseum
Annie M.G.Schmidtsingel 1. ***Tel.*** *0113-344904.*
www.fruitteeltmuseum.nl *1 Apr-31 Okt: Di-Sa 13-17 Uhr, 1 Juli-31 Aug: Mo-Sa 11-17 Uhr, 1 Nov-31 März Mi und Sa 13-17 Uhr.*

Wemeldinge

Das Dorf entstand rund um drei Warften. Auf der ersten erhob sich im 11. Jh. eine Holzkirche, die zweite wurde 19. Jh. abgetragen und die dritte gibt es noch immer. Diese Warft ist mit 12 m die höchste von Zeeland. Der Turm der Kirche aus dem 15. Jh. stammt aus dem 14. Jh. In der **Hervormde Kerk** befinden sich eine gemauerte **Piscina** (kleines Wasserbecken), besondere Grabplatten, eine Chorschranke, Deckengemälde und eine imposante Herrenbank. Im 12. Jh. zogen die Bewohner vom Kirchenring zu einem höher gelegenen Deich, der heutigen Dorfstraße.

Besondere Obstbäume im Museumsgarten

GEMEINDE REIMERSWAAL

Straßenkarte E3. *21.000.*
www.reimerswaal.nl
siehe Yerseke.

Die Gemeinde Reimerswaal wurde nach der überfluteten Stadt Reimerswaal genannt. Diese Stadt war früher eine der wichtigsten Handelsstädte von Zeeland. Die Landschaft im östlichen Teil von Zuid-Beveland änderte sich nach den Sturmfluten von 1530 und 1532 tiefgreifend. Dabei verschwanden ein Teil des nördlichen Gebietes (verdronken Land (ertrunkenes Land) von Zuid-Beveland) und ein Teil auf der Südseite (Valkenisse). Auch die Sturmflutkatastrophe von 1953 hinterließ tiefe Spuren.

Kruiningen

1943 wurde der Fährbetrieb über die Westerschelde von Hansweert nach Kruiningen verlegt. Am 15. März 2003 verließ um 16.20 Uhr die letzte Fähre den Hafen von Kruiningen. Neben der Kirche aus dem 15. Jh. steht die Skulptur einer jungen Frau mit einem ertrunkenen Kind auf dem Arm zur Erinnerung an die Sturmflutkatastrophe, ein Entwurf des Schriftstellers Jan Wolkers.

GEMEINDE THOLEN

Straßenkarte E3. *25.300.* **www**.tholen.nl *Haven 10, Sint-Maartensdijk (0900-1681666, **www**.vvvzeeland.nl/de).*

Die charakteristische Polderlandschaft auf Tholen

Tholen

Der Ort Tholen entwickelte sich im 13. Jh. zu einer wohlhabenden Handelsstadt dank der Brückenbenutzungsgebühr, die auf der Eendracht, der Verbindung zwischen Schelde und Volkerak, erhoben wurde. Ein großer Stadtbrand beendete 1452 diesen Wohlstand. Im Zentrum steht die Grote oder Onze-Lieve-Vrouwekerk, eine imposante Kreuzbasilika im brabantisch-gotischen Stil. Das **Rathaus**, vermutlich ein Entwurf von Andries Kelderman, entstand nach dem Stadtbrand. An der Stelle der früheren Festungsanlagen wurde ein Park angelegt.

Das Rathaus mit seinem sechseckigen Turm

Umgebung

In dem ehemaligen Rathaus **Sint-Annaland** ist das **Streekmuseum De Meestoof** untergebracht. Es besitzt eine interessante Kollektion aus dem täglichen Leben auf den Inseln Tholen und Sint-Philipsland: ein altes Klassenzimmer, alte Handwerksberufe und die Färberrötezucht. Auf dem Außengelände steht eine Wohnung aus Holz, die nach der Katastrophe von 1953 von der norwegischen Regierung gestiftet wurde.

Streekmuseum De Meestoof

*Bierensstraat 6. **Tel.** 0166-652477.*
www.demeestoof.nl
Apr-Okt: Di-Sa 14-17 Uhr (Juli-Aug: ab 13.30 Uhr).

Einrichtung im Streekmuseum De Meestoof

GESCHICHTE THOLENS

Tholen bestand ursprünglich aus fünf Inseln, die im 12. und 13. Jahrhundert eingedeicht wurden. Durch die Eindeichung der zwischen ihnen liegenden Fahrrinnen wurden die Polder aneinandergefügt. Die letzte große Rinne, Pluimpot, wurde 1566 abgedämmt. Die Insel hatte schwer unter Sturmfluten, Deichdurchbrüchen und Landverlust zu leiden. 1928 wurde Tholen mit einer Brücke über die Eendracht mit Westbrabant verbunden. Infolge seiner isolierten Lage ist der Tourismus an Tholen vorbeigegangen. Es ist noch immer eines der ruhigsten Gebiete in Zeeland, wo die Sonntagsruhe noch respektiert wird.

Hulst im Überblick

Die Festungsanlagen von Hulst, der flämischsten Stadt der Niederlande, sind in einem ausgezeichneten Zustand. Der gut 3 km lange Rundgang über die Wälle und Bastionen vermittelt einen guten Eindruck von der "uneinnehmbaren" Festung Hulst mit ihren Grachten, Bastionen und Ravelins. Der Grote Markt mit dem Rathaus aus dem 16. Jh. und der gotischen Willibrodusbasilika bildet das Herz der Stadt. In der Stadt gibt es verschiedene Refugiumhäuser. In diesen Häusern suchten flämische Mönche in turbulenten Zeiten einen sicheren Unterschlupf. Außerdem ist Hulst die Stadt des mittelalterlichen Tierepos Van den Vos Reynaerde (Reineke Fuchs).

Keldermanspoort
Dieses kombinierte Land- und Wassertor (doppelter Torbau) wurde 1596 zerstört. Die Ruine wurde mit Sand bedeckt und 1957 wieder freigemacht.

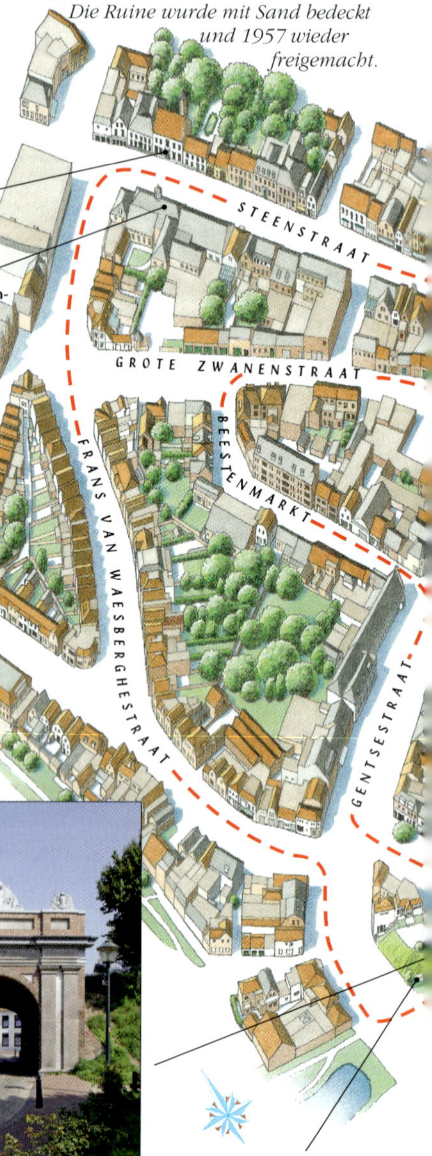

REYNAERT DE VOS

Das Tierepos *Van den Vos Reynaerde* wurde im 13. Jh. geschrieben. Die Geschichte handelt von dem schlauen Reineke Fuchs, der, indem er die anderen Tiere immer das glauben lässt, was sie gerne glauben wollen, mit knapper Not davonkommt. Die Geschichte spielt in der Umgebung von Hulst. "Es gab ein Ort Hulsterloo", sagt Reineke Fuchs zum König Nobel. Hulst ehrt seinen literarischen Helden mit verschiedenen Skulpturen.

★ Gentse Poort
Auf dem Torbau von 1780 prangt das Generalitätswappen, das Zeichen der Republik der Vereinigten Niederlande.

NICHT VERSÄUMEN

- ★ Gentse Poort
- ★ Stadhuis
- ★ St.-Willibrordusbasiliek

INFOBOX

Straßenkarte E5.
Steenstraat 37, Hulst (0114-315221, **www.**vvvzeeland.nl/de).

★ St.-Willibrordusbasiliek
Die Basilika mit ihrem bemerkenswerten Turm ist schon von weitem zu erkennen. Die Kirche wurde um 1200 erbaut.

Refugiehuis Baudeloo
Die Mönche der Abtei von Baudeloo, in der Nähe von St.-Niklaas in Flandern, suchten in gefährlichen Zeiten Zuflucht in einem "Fluchthaus" in Hulst.

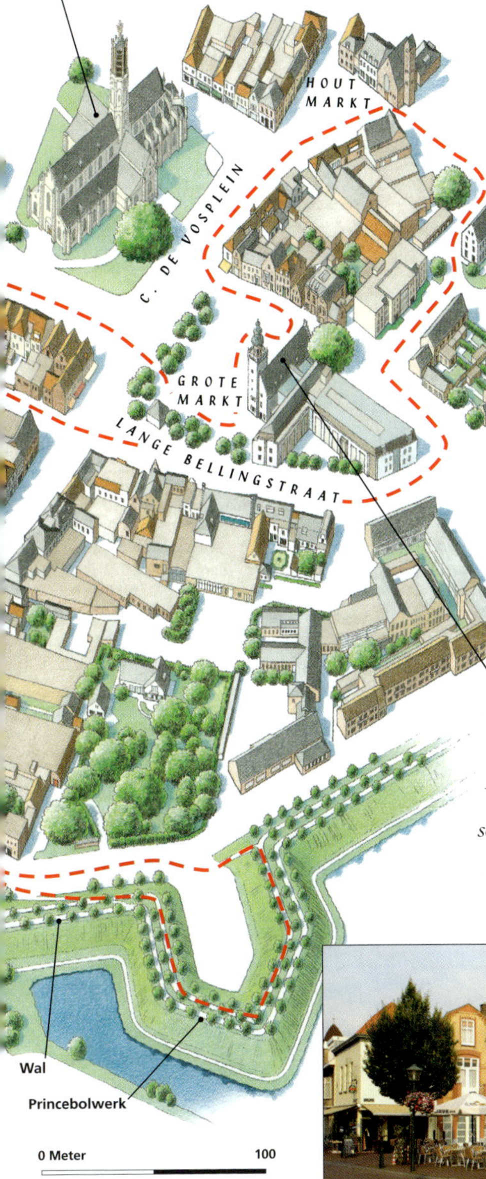

LEGENDE

- - - Routenempfehlung

★ Stadhuis
Das historische Rathaus mit seinem schlanken Eckturm wurde nach einem Brand von Laurens Keldermans und Willem van Sassen von 1528 bis 1534 wieder aufgebaut.

Innenstadt
In der Innenstadt gibt es zahlreiche einladende Terrassen.

GEMEINDE HULST

Straßenkarte E5. 27.800
www.gemeentehulst.nl
Steenstraat 37, Hulst (0114-315221, **www.**vvzeeland.nl/de*).*

Hulst

Im Überblick S. 74-75.

St.-Willibrordusbasiliek

Steenstraat 2. ***Tel.*** *0114-389299.*
Tägl. 10-17 Uhr (Okt.-Apr. 11-17 Uhr).
Die monumentale Basilika mit ihrem auffallenden Turm beherrscht die Silhouette von Hulst. Die Kirche wurde im 15. Jahrhundert im reichen brabantisch-gotischen Stil wieder aufgebaut. 1562 wurde der Turm größtenteils durch Brand zerstört. 1929 wurde die Kirche tiefgreifend restauriert. Die neogotische Turmspitze wurde 1944 bei einem Sturm weggefegt. Vierzehn Jahre später wurde die heutige – und noch immer umstrittene – Betonkrone auf den Turm gesetzt.

Das Schiff, der ehemalige protestantische Teil der Doppelkirche

Refugiehuizen

Verschiedene Klöster in der Umgebung ließen in Hulst ein so genanntes Refugium oder Refugiehaus bauen. Darin fanden die Mönche ein sicheres Unterkommen, wenn ihre Klöster durch Kriegsgewalt bedroht wurden. In der Steenstraat standen zwei solcher Häuser: Ten Duinen und Cambron von 1652. Baudeloo (ca.

Frau in Tracht im Museum De Vier Ambachten

1475) liegt etwas versteckt hinter dem Rathaus. Das stattliche L-förmige Haus hat einen bemerkenswerten achteckigen Treppenturm.

Museum De Vier Ambachten

Steenstraat 28. ***Tel.*** *0114-320692.*
www.devierambachten.nl
Ostermontag-Okt: tägl. 14-17 Uhr.
Das Museum hat sich auf Bodenfunde aus dem 13.-18. Jahrhundert, Kleidertrachten aus Hulst, Cadzand und Axel, die Legende um Reineke Fuchs und die Entwicklungen und die Geschichte der Festungsanlagen verlegt.

's-Landshuis/VVV (Touristenbüro)

Steenstraat 37. ***Tel.*** *0114-315221.*
Mi-Mo 10-12.30 Uhr und 13-17 Uhr, So 13.30-17 Uhr.
Das Gebäude mit seiner stattlichen Vorderfront stammt von 1665. In der ersten Etage befindet sich noch ein altes Gefängnis aus Holz. Der Garten wurde als Skulpturengarten eingerichtet. In dem Gebäude ist das Touristenbüro untergebracht. Im Präsentationsraum kommt mit einem Klang- und Lichtspiel die Geschichte von Hulst zum Leben.

Stadhuis

Grote Markt 21. *Mo-Fr 9-12 Uhr und 13-16 Uhr.*
Das Rathaus, ein rechteckiges Gebäude mit schlankem Turm, wurde 1528 von Laurens Keldermans und Willem van Sassen, die zur gleichen Zeit auch an der St.-Willibrordusbasilika arbeiteten, entworfen. Im Rathaussaal hängen einige Porträts von Prinzen aus dem Haus Nassau und das Gemälde "Ansicht von Hulst" von 1628 von Cornelis de Vos. Auf der Rückseite des Rathauses wurde ein modernes Stadtbüro angebaut.

Festungsanlagen

Das einzige Tor, das noch an die mittelalterliche Stadtmauer erinnert, ist das 1957 ausgegrabene und teilweise wiederhergestellte Keldermanstor, ein Land- und Wassertor von 1506. Das Wassertor war der Zugang zum Hafen. Drei Tore – Grauwe oder Bagijnepoort (Graues oder Beginentor) (1734), **Dubbele Poort** (Doppeltor) (1771) und das mit Bildhauerarbeiten verzierte Gentse Poort (Genter Tor) (1780) – bilden noch immer die einzigen Eingangstore zu der mit einem Wall umgebenen Stadt.

Das Doppeltor erhielt 1932 einen zweiten Durchgang

Niederländisch-spanische Linien

Während des Achtzigjährigen Krieges (1568-1648) wurden sowohl von den Spaniern als auch von den niederländischen Soldaten in Zeeuws-Vlaanderen mehr als hundert Festungsanlagen angelegt. Am Anfang des 17. Jahrhunderts wurden "Kommunikationslinien" zwischen den Städten und den in der Nähe liegenden Forts angelegt. Um die Linien verteidigen zu können, konnten die davor liegenden Gebiete über Inundationsschleusen überflutet werden. Nach dem Frieden von Münster (1648) wurde ein großer Teil der Linien abgerissen. Nach 1850 spielten die Festungsanlagen militärisch kaum noch eine Rolle.

Luftaufnahme Kruisdijkschans

Luftaufnahme Hulst

DIE AM BESTEN ERHALTENEN LINIEN

- Linie östlich von Hulst
- Linie zwischen Hulst und Sas van Gent
- Passageulelinie zwischen Het Zwin und Braakman

Luftaufnahme Fort St.-Joseph

INFOBOX

www.staatsspaanselinies.nl

GEMEINDE TERNEUZEN

Straßenkarte C4. 55.000.
www.terneuzen.nl
Noordstraat 62, (0115 760122, **www.**vvvzeeland.nl/de*).*

Terneuzen

Terneuzen macht einen jungen und modernen Eindruck. Am Scheldeboulevard entstehen Appartement-Hochhäuser, wie die beiden schlanken Türme der Wasserfront – der eine seegrün, der andere hellblau gestrichen. Das Rathaus sieht aus wie die Brücke eines Schiffs, die Stadtverwaltung ähnelt einem Stapel von Seecontainern. Das Portal Flandern, der imposante Schleusenkomplex am Beginn des Kanals umfasst drei Schleusen. Die Westschleuse (1968) ist mit einer Breite von 40 m und einer Lände von 290 m die größte Schleuse und kann Seeschiffe aufnehmen. Über die Schleuse spannen sich zwei Klappbrücken. Ein Besuch beim **Portaal van Vlaanderen** besteht aus einer Führung durch den Schleusenkomplex (Keller Klappbrücke, Ausstellung von Schiffswracks und Aussichtsturm) sowie einer Rundfahrt durch den Kanal.

Portaal van Vlaanderen

Nahe Westsluis. ***Tel.*** *0115-621022.*
www.portaalvanvlaanderen.nl
Siehe Website.

Das Portaal van Vlaanderen, das Eingangstor zur flämischen Stadt Gent

Axel

Der runde **Wasserturm** aus Backsteinen von 1936 ist der große Blickfänger von Axel. Der 60 m hohe Turm ist jetzt ein industrielles Denkmal und wird als Ausstellungsraum benutzt. Das Heimatmuseum besitzt eine Sammlung Trachten, archäologische Fundstücke und ein Modell der früheren Festungsanlagen.

Wasserturm

Kinderdijk 2. *Ende Apr-Sept: Mi-Fr 13.30-17.00 Uhr, Sa 13-16.30 Uhr. Okt: Sa 13-16.30 Uhr.*

Het Warenhuis-Museum Land van Axel

Markt 2. ***Tel.*** *0115-562885,*
www.landvanaxel.eu *Mi-So 11-17 Uhr.*

DE BRAAKMAN

Das Naturgebiet Braakman, ein abgesperrter Meeresarm

Am 8. Oktober 1375 schlug eine Sturmflut erbarmungslos zu. Die Deiche an der Westerschelde brachen und große Teile Land wurden überflutet. Die Bucht Braakman teilte Zeeuws-Vlaanderen Jahrhunderte lang in einen östlichen und einen westlichen Teil. Das offene Gezeitengewässer bot für Fischerei und Muschelfang gute Möglichkeiten. 1952 wurde das Gebiet Braakman abgesperrt. Dank der Absperrung blieb Zeeuws Vlaanderen bei der Sturmflutkatastrophe im Februar 1953 verschont. Ein großer Teil der Bucht wurde eingepoldert und besteht heute aus Agrarböden und Wäldern; ein kleiner Teil blieb Wasser (Braakmankreek).

Philippine

An der Abzweigung vom Naturgebiet Braakman in der Umgebung von Axel und Sasse Gat ließ Philipp der Schöne 1505 eine Festung bauen. Nach der Anlage eines Hafens entstand das Fischerdorf Philippine. Ende des 19. Jahrhunderts konnten die Fischerboote infolge der sich immer weiter ausbreitenden Versandung der Fahrrinnen im Braakman den Hafen kaum noch erreichen. Der Philippinekanal (1900) brachte Rettung. Philippine wurde das Zentrum des Muschelhandels. Die Absperrung des Naturgebietes Braakman 1952 bedeutete das Ende des Muschelhandels. Der abgedämmte Kanal, der Hafenplatz, das **Mosselmonument** und die Muschelrestaurants erinnern noch an diese Zeit.

Mosselmonument auf dem Hafenplatz in Philippine

Das ertrunkene Land von Saeftinghe

Eine Rinne sucht ihren Weg zwischen den Groden und Schlicken

Während der Allerheiligenflut von 1570 wurde der größte Teil der alten "Herrlichkeit" Saeftinghe, ein wohlhabendes landwirtschaftliches Gebiet, überflutet. Vier Jahre später schlug das Meer noch einmal zu und zwang das Wasser landeinwärts. 1584 stachen niederländische Soldaten die letzten geschwächten Deiche durch, wonach die alte "Herrlichkeit" in ein Groden- und Schlickengebiet veränderte. Die Dörfchen Saeftinghe, Namen, Casuwele und St.-Laureins verschwanden im schäumenden Wasser. Große Teile des ertrunkenen Landes von Saeftinghe wurden im Laufe der Zeit eingepoldert, als letzter 1907 der Hertogin Hedwigepolder.

Das Land von Saeftinghe (3500 ha) ist das größte Brackwassergebiet Westeuropas. Es besteht zu drei Viertel aus überwachsenen Groden und im Übrigen aus Sandbänken, Schlickböden und Rinnen. Zweimal täglich füllen sich die Rinnen mit Wasser, dann werden die Schlicken und Sandbänke überflutet. Nur bei Springflut und Sturm werden auch die Groden überschwemmt.

Zehntausende von Vögeln suchen die Groden und Schlicken zum Brüten, zur Nahrungsaufnahme und Rast auf. Es gibt eine Vogelbeobachtungshütte beim Emmaweg/Zeedijk des Prosperpolders.

Ausstellungsraum im Besucherzentrum Saeftinghe

Die Vegetation hat sich dem Brackwasser angepasst. Die tiefer liegenden Mulden sind mit englischem Schlickgras, Queller und Riedgras überwachsen. Auf den höheren Uferwällen wachsen Strandquecke und Salzmelde. Die ganze Flora besteht aus mehr als vierzig verschiedenen Arten.

Queller wächst an der Rändern der Groden

INFOBOX

Besucherzentrum Saeftinghe
Emmaweg 4, Nieuw-Namen (Emmadorp). ***Tel.*** *0114-633110.*
www.saeftinghe.eu
Mai-Sep: Di-So 13-17 Uhr, Apr und Okt: Sa-So 13-17 Uhr.

GEMEINDE SLUIS

Straßenkarte A4-5, B4. 24.000. **www.**gemeentesluis.nl Breskens, Oranjeplein 1 (0117-381888); Cadzand-Bad, Boulevard de Wielingen 44d (0117-391298); Sluis, Groote Markt 1 (0117-461700, **www.**vvvzeeland.nl/de).

Sluis

Der größte Blickfang von Sluis ist das **Stadhuis**, das als einziges Rathaus in den Niederlanden einen **Belfort** (Belfried) hat, einen verstärkten Turm mit vier Ecktürmchen. Das Rathaus wurde 1390 nach dem Vorbild der Belfriede in Gent und Brügge als Symbol der städtischen Freiheit gebaut. 1944 wurde das Gebäude schwer beschädigt, 1956 jedoch wieder aufgebaut. Das Museum Het Belfort zeigt die Geschichte von Sluis. Der Belfried bietet einen schöne Aussicht auf Sluis. 1384 begann man im Auftrag des Grafen von Flandern mit der Anlage von Wällen, Torbauten, Grachten und einem Schloss, von dem aus die Schifffahrt auf dem Zwin kontrolliert wurde. Das Schloss wurde 1784 von den Franzosen zerstört und 1820 zusammen mit einem großen Teil der Stadtmauer abgebrochen. Die Reste der drei Stadttore – Stenen Beer oder Westpoort (1456), Oostpoort (1432) und Zuidpoort (1399) – sind erhalten geblieben. Außerhalb der Mauern lag die Waterpoort (1424), die vor einigen Jahren restauriert worden ist.

Ladenstraße, im Hintergrund der Belfried des Rathauses

Sarkophag mit einer Darstellung der Kreuzigung Christi

Museum Het Belfort

Groote Markt 1. ***Tel.*** *0117-712604,* ***www.***belfortsluis.nl Juni-Sep: Mo-Sa 10-16.30 Uhr, So 13-16.30 Uhr; Okt-Mai Mi-So 13-16.30 Uhr.

Umgebung

Der imposante Turm der Hervormde Kerk des kleinen Ortes Sint Anna ter Muiden verrät, dass das Städtchen andere Zeiten gekannt hat. Mude entstand um 1200 am linken Ufer des Zwin und diente Brügge als Vorhafen. Die ursprüngliche Kirche wurde während des Aufstandes größtenteils zerstört; nur das südliche Querschiff blieb verschont und wurde 1653 zu einer Dorfkirche umgebaut.

Aardenburg

Die Kaaipoort (1650), das alte Hafentor, gewährt Zugang zu der alten Innenstadt. In der Weststraat steht die neogotische Onze-Lieve-Vrouwehemelvaartkerk (1851). Das **Gemeentelijk Archeologisch Museum** ist in einem herrschaftlichen Haus aus dem 18. Jahrhundert untergebracht und besitzt eine besondere Kollektion römischer (2. und 3. Jh.) und mittelalterlicher (12.-15. Jh.) Fundstücke. Im Garten liegen die Reste eines galloromanischen Tempelchens, das im römischen Truppenlager ausgegraben wurde. 1976 wurden die Fundamente des westlichen Torgebäudes des römischen **Castellum** bei Ausschachtungsarbeiten in der Burchtstraat gefunden. Die Fundamente wurden wieder hochgemauert. An der Stelle einer romanischen Kirche, die die Mönche der St.-Baafsabtei in Gent gebaut hatten, entstand die monumentale **St.-Baafskirche**. Die Kirche brannte 1202 ab. Schiff und Querschiff bilden die ältesten Teile der heutigen Kirche und wurden in Scheldegotik ausgeführt, einem regionalen Baustil, der noch viele romanische Elemente enthielt. 1949 wurden bei der Restaurierung verschiedene Grabkeller aus dem 14. Jh. gefunden, die auf der Innenseite mit Gemälden verziert sind. Einige **Sarkophage** wurden ausgegraben und sind im Schiff aufgestellt.

Gemeentelijk Archeologisch Museum

Marktstraat 18. ***Tel.*** *0117-492888.* *Ende April-Okt: Di-Fr 10-12 Uhr und 13.30-17 Uhr, Sa-So 13.30-17 Uhr.*

St.-Baafskerk

St.-Bavostraat 5. ***Tel.*** *0117-493554.* *April-Okt: Di-Fr 10-17 Uhr, Sa-So 13-17 Uhr.*

Cadzand

Das ruhige Cadzand entstand im 12. Jahrhundert auf der Insel von Cadzand am Zwin. Der Name *(Cadesand)* weist auf den Kai oder niedrigen Deich hin, der die Insel schützte. Die bescheidene Hervormde Kerk stammt von ca. 1275; der kleine Glockenturm wurde 1931 hinzugefügt. Um 1900 wurde das Dorf um Cadzand-Bad erweitert und bei der Seeschleuse des Entwässerungskanals um Cadzand-Hafen. Bad und Hafen sind nun zu dem gut besuchten Badeort **Cadzand-Bad** zusammengewachsen.

Laden mit Strandartikeln am Boulevard de Wielingen

Retranchement

Nach der Wiedereroberung von Sluis wurde 1604 im Auftrag von Prinz Moritz von Oranien eine neue Befestigungsanlage am Zwin gebaut: **Retranchement** (Französisch für Verschanzung) Cassandria. Auf der Nordseite entstand Fort Oranje (1682 zerstört), auf der Südseite Fort Nassau. Zwischen den Forts wurden Grachten, Wälle und Bastionen angelegt. Nach Abzug der Soldaten entstand das Bauerndorf Retranchement innerhalb der Wälle. Das Dorf strahlt eine Atmosphäre der Zeitlosigkeit aus. Aus der Zeit des Forts gibt es noch zwei Monumente: die kleine Saalkirche (1630), die die Soldaten am Sonntag besuchten und die offene Bockmühle (1643), in der das Getreide für das Brot der Garnison gemahlen wurde.

Nijntje Orientierungspfahl

Het Zwin

Auf beiden Seiten der niederländisch-belgischen Grenze liegt das Naturschutzgebiet Het Zwin. Früher war das Zwin eine stark verzweigte Fahrrinne, die den westlichen Teil von Zeeuws Vlaanderen verteilte, so dass Brügge vom Meer aus erreichbar wurde. Durch Sandablagerung und Aufschlämmung wurde das Rinnensystem im Laufe des 14. und 15. Jahrhunderts immer untiefer und letztendlich unbefahrbar. Durch die darauf folgenden Einpolderungen erhielt das Gebiet eine agrarische Funktion. Die Mündung der Fahrrinne blieb offen, wurde jedoch auf der Landseite vollkommen eingedeicht. Das Deichvorland besteht aus Dünen und Groden. In den Sommermonaten erhält die Grodenlandschaft durch die blühenden Strandnelken eine rötliche Glut. Die Groden sind ein wichtiges Vogelbrutgebiet.

Reste der Verschanzung aus dem 17. Jahrhundert (Retranchement)

Wandern entlang Het Zwin

Start: *VVV Cadzand-Bad.* ***Länge:*** *6,5-18,5 km.* ***Broschüre:*** *erhältlich in VVV*

Die Wanderung von Cadzand-Bad zu Retranchement verläuft entlang das Naturschutzgebiet Het Zwin. Fossilen Haifischzähnen finden Sie am Strand.

Restaurantauswahl

Die Restaurants in der nachstehenden Übersicht gehören zu verschiedenen Preiskategorien und wurden wegen ihrer guten Qualität, der ausgezeichneten Küche, ihres besonderen Ambientes und der freundlichen Bedienung ausgewählt. Außerdem wurden einige (Ess-) Cafés mit einer charakteristischen zeeländischen Atmosphäre oder einer Terrasse mit schöner Aussicht aufgenommen. Die Symbole geben an, welche Ausstattung Sie erwarten können und über welche Möglichkeiten das Restaurant verfügt.

PREISKLASSEN pro Person für ein Drei-Gänge-Menü einschl. MwSt und Bedienung.

€ unter € 25
€€ € 25 - € 35
€€€ € 35 - € 45
€€€€ über € 45

MIDDELBURG

Desafinado €€

Koorkerkstraat 1, 4331 AW Middelburg. ***Tel.*** *0118-640767.* ***Straßenkarte*** *2 D3-4*

Jazz-Esscafé am Fuß des Langen Jan. Große Terrasse. Zweimal im Monat kostenlose Livemusik. Auch bezahlte Konzerte. **www**.desafinado.nl
Mo. ab 11 Uhr.

De Drvkkery €

Markt 51, 4331 LK Middelburg. ***Tel.*** *0118-886886.* ***Straßenkarte*** *1 C4*

Eine beliebte Oase in der Buchhandlung De Drvkkery. Hausgemachte Apfeltorte. Für Lunch, Zwischenmahlzeiten bis Menü am verkaufsoffenen Abend. **www**.de-drvkkery.nl Mo 11-18 Uhr, Di-Fr 9-18 Uhr (Do bis 21 Uhr), Sa 9-17 Uhr, verkaufsoffener Sonntag. Küche geschlossen: nach 16 Uhr.

De Eetkamer €€€

Wagenaarstraat 13–15, 4331 CX Middelburg. ***Tel.*** *0118-635676.* ***Straßenkarte*** *1 C3 & 2 D3*

Französische Küche. Speisen in stilvoller Umgebung. Eine große Auswahl an Fischgerichten. **www**.eetkamermiddelburg.nl
So-Mo, Sa-mittag. Di-Fr 12-14 Uhr, Di-Sa ab 18 Uhr.

De Gouden Bock €€

Damplein 17, 4331 GC Middelburg. ***Tel.*** *0118-617484.* ***Straßenkarte*** *2 D3*

Mediterrane Küche. Wohnzimmerrestaurant in einem monumentalen Gebäude von 1669. Die Küche verarbeitet ausschließlich tagesfrische Produkte. Auf der Karte steht eine große Vielfalt an Fischgerichten. **www**.degoudenbock.nl So-Mo. Di-Sa 10.30-16 Uhr und 18-21 Uhr (Juli-Aug: tägl.).

Peper & Zout €€

Lange Noordstraat 8, 4331 CD Middelburg. ***Tel.*** *0118-627058.* ***Straßenkarte*** *1 C3-4*

Peper & Zout hat eine französisch-internationale Küche. Auf der Karte stehen frische Fisch- und Fleisch(Saison)-Gerichte. Wenn möglich werden lokale Produkte verwendet. **www**.peperenzout.nl Mi. Mo und Do-Fr 11.30-21.30 Uhr, Sa 12.00-21.30 Uhr und So 17.30-21.30 Uhr.

Scherp €€

Wijngaardstraat 1-5, 4331 PM Middelburg. ***Tel.*** *0118-634633.* ***Karte*** *1 C3*

Internationale Küche. Chefkoch Mart Scherp kocht mit biologischen Produkten aus der Region. Frischer Fisch sowie Krustentiere und Muscheln stehen immer auf dem Menü. **www**.restaurantscherp.nl
Mo-Di und Fr 12-14 Uhr, Fr-Di 18-21 Uhr.

Vriendschap €€

Markt 75, 4331 LL Middelburg. ***Tel.*** *0118-612257.* ***Straßenkarte*** *1 C4*

Modernes gastfreundliches Restaurant mit authentischer, ehrlicher Küche mit hausgemachten Gerichten. Großer Lesetisch. **www**.vriendschapcr.nl
Tägl. ab 11 Uhr. Küche geschlossen: 21.30 Uhr.

SCHOUWEN-DUIVELAND

De Vluchthaven €€€€

Zijpe 1, 4311 RK Bruinisse. ***Tel.*** *0111-481228.* ***Straßenkarte*** *E2*

Das Restaurant befindet sich in einem alten Fährhaus der Fähre Anna Jacobapolder-Zijpe. Mediterrane Küche mit der Spezialität Oosterscheldehummer. **www**.devluchthaven.nl
Mo-Di. ab 12.00 Uhr. Küche geschlossen: 20.30 Uhr.

De Regtkamer €€

Noordstraat 2–4, 4328 AL Burgh-Haamstede. ***Tel.*** *0111-652229.* ***Straßenkarte*** *C1*

Die Menükarte ist klassisch. Bei der Zubereitung der Gerichte werden tagesfrische und saisonale Produkte verwendet. Zeeländischer Spargel, Zeeuwse Muscheln und Wild. **www**.hotel-bom.nl
Tägl. ab 9 Uhr. Küche geschlossen: 20 Uhr.

De Heerenkeet €

Boogerdweg 1, 4321 SN Kerkwerve. ***Tel.*** *0111-671279.* ***Straßenkarte*** *D1*

Restaurant Heerenkeet liegt an einem ehemaligen kleinen Hafen. Von der Terrasse und den Tischen am Fenster hat man eine einzigartige Aussicht auf die Oosterschelde. Spezialität: Fischgerichte. **www**.deheerenkeet.nl ab 9 Uhr (im Winter ab 10 Uhr, Nov: siehe Website). Küche geschlossen: 21 Uhr.

Boa Tarde €€

Engelse Kade 6-7, 4301 NA Zierikzee. ***Tel.*** *0111-420400.* ***Straßenkarte*** *D2*

Restaurant mit einer portugiesischen Note. Große Auswahl an Vorspeisen und Hauptgerichten. Vor allem die Fischgerichte sind sehr zu empfehlen. Es werden auch Tapas serviert. Ein Stückchen Portugal an der zeeländischen Küste. Tägl. 17-22 Uhr.

Brasserie Maritime €€

Nieuwe Haven 21, 4301 DJ Zierikzee. ***Tel.*** *0111-412156.* ***Straßenkarte*** *D2*

Modernes Restaurant am Hafen von Zierikzee, auf dessen Speisekarte Fisch, Krusten- und Schalentiere einen besonderen Platz einnehmen. **www**.brasseriemaritime.nl
Mo (Winter). Tägl. ab 12 Uhr. Küche geschlossen: 21 Uhr.

WALCHEREN

Het Badpaviljoen €€€

Badhuisweg 21, 4357 AV Domburg. ***Tel.*** *0118-582405.* ***Straßenkarte*** *A2*

Geschmackvolle klassische Einrichtung in einer gewagten Kombination von natürlichen und luxuriösen Materialien. Auf der Speisekarte stehen hauptsächlich Fisch, Krusten- und Schalentiere. **www**.hetbadpaviljoen.nl Di-Mi. Do-Mo 11- 00 Uhr. Küche geschlossen: 21 Uhr.

Mondriaan €€€€

Ooststraat 6, 4357 BE Domburg. ***Tel.*** *0118-584434.* ***Straßenkarte*** *A2*

Innenausstattung mit Holztischen und Leinenservietten. Zwanglose Atmosphäre. Mediterrane Küche. Auf der Speisekarte stehen neben Fleisch- und vegetarischen Gerichten hauptsächlich Fischgerichte. **www**.restaurant-mondriaan.nl Mo. ab 17.30 Uhr. Küche geschlossen: 22 Uhr.

D'Ouwe Werf €€

Bastion 2–4, 4351 BG Veere. ***Tel.*** *0118-502105.* ***Straßenkarte*** *B2*

Rund um das Grand Café befinden sich Terrassen auf verschiedenen Ebenen mit Aussicht auf Veere. Vom einfachen Gericht bis zum mehrgängigen Dinner. **www**.ouwewerf.nl
Di. tägl. ab 11 Uhr.

In den Struyskelder €€

Kaai 2, 4351 AA Veere. ***Tel.*** *0118-501392.* ***Straßenkarte*** *B2*

Kellerrestaurant am Kai. Die Wände des Kellers hat der Kunstmaler Wim Vaarzon Morel aus Veere wunderschön bemalt. Große Außen- und Gartenterrasse. **www**.struyskelder.nl
Tägl. 12-21 Uhr.

Het Waepen van Veere €€€

Markt 23–27, 4351 AG Veere. ***Tel.*** *0118-501231.* ***Straßenkarte*** *B2*

Französische mediterrane Küche. Auf der Karte stehen viele Fisch- und regionale Gerichte wie Hummer, Austern und Lamm. **www**.waepen.nl
Anfang Dez. und Jan. ab 12 und 17.30 Uhr. Küche geschlossen: 14 und 20.30 Uhr.

Brasserie De Gecroonde Liefde €

Nieuwendijk 13, 4381 BV Vlissingen. ***Tel.*** *0118-441194.* ***Straßenkarte*** *B3*

Gemütliche Brasserie am Hafen von Vlissingen. Große Lunchkarte und sechsmal jährlich wechselnde Dinnerkarte. **www**.degecroondeliefde.nl
Mo-Mi 10-18 Uhr, Do-Fr 10-21 Uhr, Sa-So 10-21 Uhr.

De Bourgondiër €€

Boulevard Bankert 280, 4382 AC Vlissingen. ***Tel.*** *0118-431891.* ***Straßenkarte*** *B3*

Ausgezeichnet mit dem Bib Gourmand von Michelin wegen des hervorragenden Preis-Qualitätsverhältnisses der kulinarischen Leistungen. Lunch oder Dinner während der Blick über das Wasser schweift. **www**.bourgondier.nl tägl. ab 11.30 Uhr.

De Beurs €€
Beursplein 11, 4381CA Vlissingen. ***Tel.*** *0118-410295.* ***Straßenkarte*** *B3*

Grand Café-Restaurant im ehemaligen Börsengebäude. Niederländisch-französische Küche. **www**.rest-de-beurs.nl
April-Okt ab 11 Uhr, Nov-März ab 16.30 Uhr.

Dijkpaviljoen De Westkaap €€
Westkappelse Zeedijk 7, 4361 CS Westkapelle. ***Tel.*** *0118-57257.* ***Straßenkarte*** *A3*

Kulinarisches Seaside Rendez-vous an der westlichen Spitze von Walcheren. Köstliches von Meer und Land. Einzigartig gelegen auf dem Deich. **www**.westkaap.nl
Tägl. ab 10.30 Uhr. Küche ab 12 Uhr.

Strandpaviljoen Paradiso €€
De Bucksweg 2, 4361 SM Westkapelle. ***Tel.*** *0111-562101.* ***Straßenkarte*** *A3*

Einrichtung, Musik, Ambiente und Speisekarte wirken erfrischend. Mediterran orientierte Küche und zeeländische Regionalgerichte. **www**.strandpaviljoen-paradiso.nl
ab 10.30 Uhr. Küche ab 12 Uhr. Küche geschlossen: 21 Uhr.

DE BEVELANDEN, THOLEN EN SINT-PHILIPSLAND

Restaurant Jan €€€
Bierkade 3A, 4461 AV Goes. ***Tel.*** *0113-21997.* ***Straßenkarte*** *D3*

Zeitlos, modernes Restaurant auf der Bierkade. Die Speisekarte bietet frische Meeresfrüchte aus Yerseke. **www**.restaurantjan.nl
Di und Wo Do-Mo ab 11 Uhr.

Het Binnenhof €
De Bocht van Guinea 4–6, 4461 BC Goes. ***Tel.*** *0113-227405.* ***Straßenkarte*** *D3*

Französische Küche mit einem zeeländischen Akzent. Ruhig gelegen an einem kleinen, schattigen Innenhof. Bib Gourmand. **www**.restauranthetbinnenhof.nl
Mi. ab 18 Uhr. Küche geschlossen: 22 Uhr.

De Stadsschuur €€€
Schuttershof 32–34, 4461 DZ Goes. ***Tel.*** *0113-212332.* ***Straßenkarte*** *D3*

Französische Küche. In der Stadsschuur wird mit Flair gekocht. Ein wunderschöner Innenhof, wo man im Sommer essen kann. Spezialität Hummermenü. **www**.stadsschuur.nl
So. ab 17 Uhr. Küche geschlossen: 21.30 Uhr.

Emelisse €€
Stadspolder z/n, 4493 PA Kamperland. ***Tel.*** *0113-370262.* ***Straßenkarte*** *C2*

Gerichte mit zeeländischen Produkten, wie Käse, Gemüse, Lammfleisch und natürlich Fisch, Krusten- und Schalentiere. Und nicht zu vergessen: das Abdijbier aus Noord-Beveland. **www**.emelisse.nl
ab 10 Uhr. Küche geschlossen: 21 Uhr

Gaststätte Binnen & Buiten €€€
Wijngaardstraat 49, 4461 DB Goes. ***Tel.*** *0113-250474.* ***Straßenkarte*** *D3*

Mediterrane Küche. Essen in modernem und ruhigem Ambiente drinnen und draußen möglich. Große geschlossene Sonnenterasse. Zu Mittag wird englischer High Tea serviert. **www**.eethuisbinnenbuiten.nl
Mi-So 17.30-21.30 Uhr.

Inter Scaldes** €€€€
Zandweg 2, 4416 NA Kruiningen. ***Tel.*** *0113-381753.* ***Straßenkarte*** *D3*

Restaurant ausgezeichnet mit zwei Michelinsternen. Kennzeichnend für die Karte ist die Kombination des Guten aus den zeeländischen Gewässern (Hummer, Austern) und vom zeeländischen Bauernland (Zicklein). www.interscaldes.nl ¢ Mo, Di und Sa-Mittag .# 12–14.30 Uhr und 18-21 Uhr.

Vis aan de Markt €€
Hoge Markt 8–10, 4694 CG Scherpenisse. ***Tel.*** *0166-663901.* ***Straßenkarte*** *E3*

Zwangloses und stimmungsvolles Restaurant. Mix von klassisch und modern. Regionalgerichte mit einem Akzent der mediterranen Küche. Spezielles Fisch- und Hummerrestaurant. **www**.visaandemarkt.nl
So, Ma (mit Ausnahme von Feiertagen). tägl. ab 17.30 Uhr (Sept.-März: Do-So).

Havenbrasserie Bom Dia €€€
Sluisplateau 30, 4424 BK Wemeldinge. ***Tel.*** *0113-626100.* ***Straßenkarte*** *D3*

Klassisch eingerichtetes Restaurant mit Ausblick auf den Jachthafen von Wemeldinge und der Oosterschelde. Freundlicher Empfang. Bom Dia ist auf Muscheln, Austern und Hummer spezialisiert. Internationale Küche. **www**.bomdia.nl
Mo-Mi. Mi-Mo 11-21 Uhr.

Katseveer

Katseveerweg 2, 4475 PB Wilhelminadorp. ***Tel.*** *0113-227955.* ***Straßenkarte*** *D3*

In ruhiger Umgebung gelegenes Restaurant mit Wohnzimmeratmosphäre und Aussicht auf die Oosterschelde. Auf der Menükarte steht, was Land und Wasser von Zeeland zu bieten haben. **www**.katseveer.nl
Mo, Sa-Mittag und So. Di-Fr 12-14 Uhr, Di-Sa 18-21 Uhr.

€€€€

In den Wijngaard

Wijngaardstraat 16, 4401 CS Yerseke. ***Tel.*** *0113-576222.* ***Straßenkarte*** *E3*

Gastronomisches Wohnzimmerrestaurant. Gerichte mit zeeländischen Produkten, wie Anchovis, Spargel, Hummer, Muscheln, Austern und Wild. **www**.restaurantindenwijngaard.nl
Do 11.00-20.30 Uhr, Fr-So 11-24 Uhr.

€€€

ZEEUWS-VLAANDEREN

Zomerlust

Boslaan 1, 4571 SW Axel. ***Tel.*** *0115-561693.* ***Straßenkarte*** *D5*

In diesem exklusiven Restaurant in einer großen Villa mit Terrasse und Garten am Wasser werden ausgezeichnete Gerichte serviert. Internationale Küche. **www**.restaurantzomerlust.nl
Mo. ab 12 Uhr. Küche geschlossen: 21 Uhr.

€€€€

Cadzandria

Boulevard De Wielingen 2, 4506 JH Cadzand. ***Tel.*** *0117-391360.* ***Straßenkarte*** *A4*

Gelegen auf den Dünen mit Ausblick aufs Meer. Große Veranda. Menükarte ist saisongebunden, Spezialität Krusten- und Schalentiere. **www**.cadzandria.nl
Mo-Di. ab 11.30 Uhr. Küche geschlossen: 21 Uhr.

€€

Etablissement 1880

Markt 27, 4503 AH Groede. ***Tel.*** *0117-376066.* ***Straßenkarte*** *A4*

Die Küche ist französisch orientiert. Die Karte wird regelmäßig erneuert und stellt sich auf die saisonalen Produkte ein. Gutes Preis-Qualitätsverhältnis. **www**.etablissement1880.nl
Di-Mi. 12-14 und 18-21 Uhr.

€€€€

De Kromme Watergang*

Slijkeplaat 6, 4513 KK Hoofdplaat. ***Tel.*** *0117-348696.* ***Straßenkarte*** *B4*

Das Restaurant befindet sich in einem ehemaligen Kindergarten. Die Einrichtung ist schick – Weiß mit roten Akzenten – und dennoch gemütlich. Frische ist die wichtigste Zutat. Ausgezeichnet mit einem Michelinstern. **www**.krommewatergang.nl Mo-Di. 12-14.30 und 18.30-21.30 Uhr.

€€€€

Le Retour

Bierkaaistraat 8, 4561 BC Hulst. ***Tel.*** *0114-313444.* ***Straßenkarte*** *E5*

Wohnzimmerrestaurant für Lunch oder Drei-Gänge-Menü.
Di. ab 10 Uhr. Küche geschlossen: 21.30 Uhr.

€€

Kint & Co

Havenstraat 9–11, 4569 TK Paal-Graauw. ***Tel.*** *0114-635642.* ***Straßenkarte*** *E4*

Das Dorfcafé ist zu einem stimmungsvollen Restaurant umgebaut worden. Das Essen ist Spitzenqualität. Französische mediterrane Küche. Saisongebundene Karte. Zwanglose Atmosphäre. **www**.restaurant-kint-en-co.nl Mo-Mi. Do-So ab 18 Uhr (Okt-März: Fr-S).

€€

Auberge des Moules

Visserslaan 3, 4553 BE Philippine. ***Tel.*** *0115-491265.* ***Straßenkarte*** *C5*

Der Hafen ist verschwunden, die frischen Muscheln, Austern, Hummer und verschiedene Fischarten werden jedoch täglich angeliefert. In einem warmen gemütlichen Ambiente kann man zwanglos die zeeländischen Meeresfrüchte genießen. **www**.aubergedesmoules.nl Mo. Di-So 12-21 Uhr. Küche geschlossen: 21 Uhr.

€€€

La Trinité*

Grote Markt 18, 4524 CD Sluis. ***Tel.*** *0117-462040.* ***Straßenkarte*** *A4*

La Trinité verfügt über eine besondere offene Küche, eine gute Gastgeberin und eine entspannte Atmosphäre. Gerichte mit einem vollen Geschmack dank der zeeländischen und anderer Produkte. Ein Michelinstern. **www**.latrinite.nl Mo-Di. 12-14 und 18.30-21.30 Uhr.

€€

Restaurant Pure-C*

Boulevard de Wielingen 49, 4506 JK Cadzand-Bad. ***Tel.*** *0117-396036.* ***Straßenkarte*** *A4*

Französisch-Mediterrane (biologischer) Top-Restaurant. An jedes Detail ist gedacht: die Lage, die Atmosphäre, das Licht und das Ministerium. Das Essen und die Getränke sind alle in perfekter Balance. **www**.pure-c.nl Mo-Di. Wo-So ab 12 Uhr.

€€€€

SPEZIALITÄTEN IN ZEELAND

Zeekraal

De Smaek van Zeêland (*S. 18*)

Die Geschmacksrichtungen salzig und süß sind in der zeeländischen Küche gut vertreten. *Salzig* aus dem Meer wie Austern, Muscheln, Hummer, Queller, Seeastern sowie Lammfleisch mit dem typischen Pré Salé-Geschmack. Das *Süße* findet sich im Obst, in den Hefeschnecken und Babbelaars (Karamelbonbons). Seit Jahrhunderten werden auf dem fruchtbaren Zeeuwse Land regionale Produkte angebaut. In den Bauernhofläden werden biologische Getränke, Obst und Gemüse, Fisch- und Fleischprodukte, Milcherzeugnisse und Konserven verkauft.

MUSCHELN

Im Juli beginnt die Zeeuwse Muschelsaison. Eine Muschel mit einem Fleischgehalt von rund 25% eignet sich für den Verzehr. Die Farbe des Fleisches variiert von Hellbeige bis Orangefarben. Yerseke ist die Muschelhauptstadt, Philippine die Stadt der Muschelgerichte.

AUSTERN

In Zeeland werden in der Oosterschelde und im Grevelingenmeer zwei Arten Austern gezüchtet: die japanische Auster (oder Creuse) und die zeeländische flache Auster. Die Austernsaison dauert von September bis April. Flache Austern werden fast immer roh gegessen mit etwas Pfeffer und Zitronensaft.

BOLUSSEN

Ein Bolus – eine Zuckerschnecke - besteht aus Brotteig mit einer Lage karamelisiertem Zucker und Zimt. Jeder Bäcker hat sein eigenes Rezept.

SCHWARZE JOHANNISBEEREN

Zuid-Beveland ist der größte Produzent von schwarzen Johannisbeeren in den Niederlanden. Ein großer Teil der Beeren wird zu Marmelade und Likör verarbeitet.

BIER

Zeeland hat noch vier kleine Bierbauereien, die das Bier auf handwerkliche Art brauen.
Emelisse (*Noord-Bevelands Abdijbier*) in Kamperland, De Halve Maan (*Zeeuwsche Witte* und *Zeeuws Vlegelbier*) in Hulst, De Drie Koningen und De Groese Zwaluw (Teil des Museums Het Vlaamsche Erfgoed) in Groede. Das Bier der Scheldebrouwerij wird nicht mehr in Zeeland, sondern in Meer (bij Hoogstraten) in Belgien gebraut.

ZEELÄNDISCHES GEMÜSE

Queller wächst an den Rändern, Seeaster auf den höher gelegenen Teilen der Groden. Beide Pflanzen haben einen herrlichen salzigen Geschmack, die Seeaster schmeckt jedoch weniger salzig als Queller. Kurz in den Wok und zu Fischgerichten servieren.

ZEELAND WEINLAND

Im 16. Jahrhundert gab es in Zeeland verschiedene Weingärten. Infolge sinkender Temperaturen verschwanden die Weinstöcke aus der Landschaft. Da es nun allmählich wieder wärmer wird, kommen die Weingärten zurück. Es werden hauptsächlich frische Weißweine produziert.

KREUKELS

Kreukels, die außerhalb Zeelands Kokkels (Gemeine Herzmuschel) oder Alikruiken heißen, sind kleine Meeresschnecken in einem dunkelbraunen Häuschen. Sie leben auf Algen, Groden, Wellenbrechern und steinernen Böschungen. Sie werden von Hand gesammelt.

HUMMER

Der Oosterscheldehummer hat einen tiefblauen Panzer. Das Fleisch ist nach dem Kochen sehr weich und fein im Geschmack. Die Hummersaison dauert vom 1. April bis 15. Juni. Während der Fangsaison haben renommierte Restaurants in Zeeland ein spezielles Oosterschelde-Hummermenü auf ihrer Karte.

ZEEUWSE VLEGEL

Zeeuwse Vlegel hat das Gütezeichen "Anerkanntes regionales Produkt". Der Weizen wird umweltfreundlich angebaut und ist der Grundstoff für Schnellkochweizen, Waffeln, Pfannkuchenmehl, Brotbackmischung und Vollkornmehl. In ganz Zeeland verkaufen Bäcker Zeeuws Vlegelbrot.

DE MUG OM DE HOEK

Der Laden verkauft regionale Produkte aus Zeeland: Biere, Weine, verschiedene Senfsorten, Käse, Suppen, Marmelade und viele andere Delikatessen aus dem ländlichen Raum.

ADRESSEN

BIERBRAUEREIEN

De Drie Koningen
www.dedriekoningen-groede.nl

De Groese Zwaluw
www.het-vlaemsche-erfgoed.nl

De Halve Maan
www.halvemaan.com

Emelisse
www.emelisse.nl

WIJNGAARDEN (Weinberge)

De Druivengaerde
Dorpsdijk 2A, Wissenkerke.
Tel. *0113-371665.*
www.druivengaerde.nl
Juni-Sep: Di und Do 14-17 Uhr.

De Oorsprong
Zwinweg 6, Oudelande.
Tel. *0113-548373.*
nach Verabredung. **www**.wijngaarddeoorsprong.nl

Wijnhoeve De Kleine Schorre
Zuiddijk 4, Dreischor.
Tel. *0111-401550.*
nach Verabredung.
www.zeeuwsewijn.nl

De Mug om de Hoek
Kromme Weele 6, Middelburg.
Tel. *0118-614851.*
Di-Sa 13.00-17.30 Uhr.

Zeeuwse vlegel
www.zeeuwsevlegel.nl

SHOPPING IN MIDDELBURG

Middelburg verfügt in seinem Zentrum über ein großes und vielfältiges Angebot an Geschäften. Die historische Innenstadt und die ausgezeichnete Gastronomie machen Middelburg zu einer idealen Einkaufsstadt. Die Einkaufszeile führt durch die schönsten Geschäftsstraßen, in denen exklusive Geschäfte, Boutiquen, Galerien, Restaurants und Terrassen einander abwechseln. Auch der historische Lange Jan, das Zeeuws Museum und das Rathaus liegen an der Route und laden zu einer Pause an einem Nachmittag Shoppen in Middelburg ein.

Buchhandlung De Drvkkery

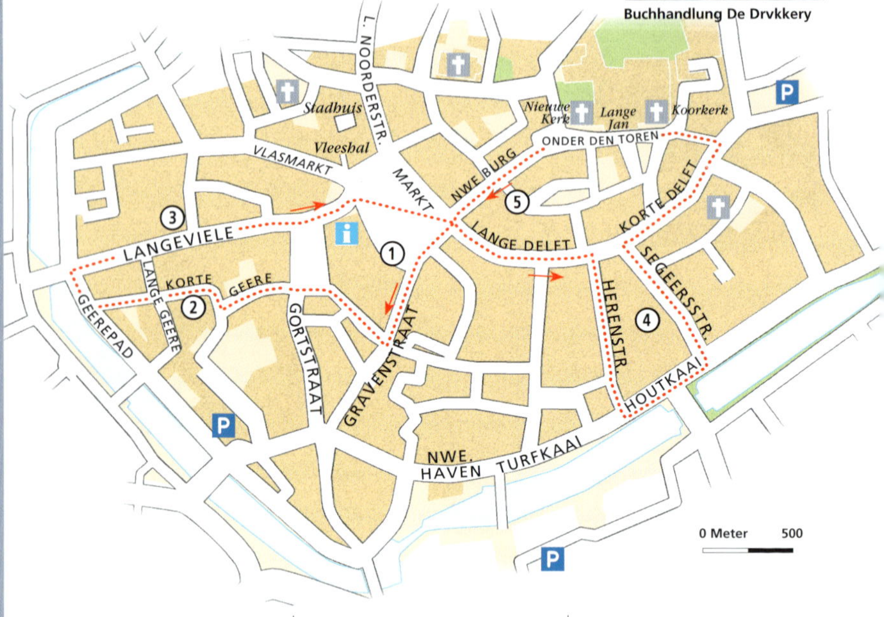

LEGENDE

·········· Routenempfehlung

RUNDGANG

Markt-Gravenstraat ①
Lange und Korte Geere ②
Langeviele ③
Segeerstraat und Umgebung ④
Nieuwe Burg ⑤

Markt-Gravenstraat ①

Der historische Markt ist der Startpunkt des Rundgangs. Die Glasfassade von De Drvkkery zieht alle Aufmerksamkeit auf sich. Außer Restaurants gibt es auf der Südseite des Pleins viele Modegeschäfte. Zusammen mit der angrenzenden Gravestraat entwickelt sich hier ein Modeviertel. Am Donnerstag wird auf dem großen Platz ein Warenmarkt abgehalten.

Tipps: **Fa. J.B. Diesch** (Echte "Zeeuwse Boterbabbelaars" (Karamellbonbons)). **Bomont** (lifestyle),

Firma J.B. Diesch, für echte Boterbabbelaars und Souvenirs

De Drvkkery (Buchhandlung, Brasserie, Touristshop) und **A Domani XL** (Speiseeis, Smoothies und Brötchen).

Lange en Korte Geere ②

Zwei schmale Straßen hinter der Langeviele mit einem kleinen Einkaufszentrum. Geschäfte mit Kuriositäten, Geschenken, Delikatessen und Küchenzubehör, jedoch auch Mode- und Schuhgeschäfte.
Tipps: **Da Silvano** (Italienische Feinkost und Catering), **Dus toch** (Geschenk-Shop, Galerie und Café) und **Kitsch Company** (Kitsch mit einem Großen K)

Van de Gruiter Wonen Sfeer en Meer

Langeviele ③

Abwechslungsreiche Geschäftsstraße mit größeren und kleineren Geschäften voller Mode, Spielzeug, Innenausstattung, Delikatessen und Schuhen.
Tipps: **Pardouce** (Kindertracht), **Van de Gruiter Wonen** (wohnen und design), **Het Finse Winkeltje** (Finnischen Mode), **Bakkerij Sam Maljaars** (Der beste Bolus von Zeeland), **Beadle** (Perlen und Schmuck), **La Vaca Interieur** (Interieur).

Segeerstraat und Umgebung ④

In den drei kleinen Seitenstraßen der Lange Delft (St.-Jansstraat, Herenstraat und Segeerstraat) gibt es zahlreiche kleine Spezialgeschäfte.

HoneyPie, Middelburg

Tipps: **De Pagter** (Antiquitäten und Innenausstattung), **La Vaca Kreatief** (für kreative Heimwerker), **Perron 2** (Comics), **The Tube/Nalu Luna** (Surf- und Spiele-Shop, Damenmode).

Nieuwe Burg ⑤

Die Straße mit den exklusiveren Geschäften auf dem Gebiet von Mode, Accessoires und Schmuck.
Tipps: **& More** (mode, accessoires, serviezen "and more") und **Bliek**.

INFOBOX

Geschäftszeiten
Mo 13-18 Uhr, Di-Fr 10-18 Uhr und Sa 10-17 Uhr.

Donnerstag verkaufsoffener Abend bis 21 Uhr.

Verkaufsoffene Sonntage
Erster Sonntag im Monat 13-17 Uhr.

Buntes holländisches Tafelgeschirr bei & More

SPORT UND AKTIVURLAUB

Zeeland ist für sportliche Urlauber die Provinz schlechthin und bietet Wassersportlern, Strandspaziergängern, Radfahrern und Wanderern zahlreiche Möglichkeiten. Auf den zeeländischen Gewässern können sich Segler und Surfer vergnügen. Für Taucher sind der Grevelingen und die Oosterschelde ein Unterwasserparadies. Die kilometerlangen Strände – die saubersten der Niederlande – laden zu langen Spaziergängen oder Wanderungen, zum Schwimmen im Meer oder zur Entspannung am Strand ein. Die sich windenden Deiche, die stillen Wege im Inland und die Radfahrwege durch die Dünen sind zu einem Radwegnetz verknüpft. Nur der manchmal starke Wind kann dem Radfahrer einen Streich spielen. Für Spaziergänger sind in den Naturschutzgebieten Wanderwege markiert. Naturfreunde können unter Leitung eines Führers wattwandern oder mit einem Förster die Natur durchstreifen. In den Sommermonaten stellen touristische kleine Fähren die Verbindung zwischen den Inseln her. Gartenfreunde können an den Tagen der Offenen Tür besondere Gärten besichtigen *(S. 93)*.

Wandelnet
Startpunt voor wandelend Nederland

Wandern in Zeeland

WANDERN ODER SPAZIERENGEHEN

Die **Vereniging Natuurmonumenten**, **Staatsbosbeheer** und **Het Zeeuwse Landschap** haben in den Naturschutzgebieten, die sie verwalten, Wanderwege ausgewiesen (Pfahlwanderwege). In Walcheren, dem Garten von Zeeland, gab es einst ein feinmaschiges Netz von Hunderten von Kilometern an kleine Wegen. Diese unbefestigten Wege führten über Kreekruggen (Erhöhung durch Versandung eines Priels), an Wasserläufen entlang und manchmal quer durch die Wiesen. Die **Stichting Voetpaden Walcheren** hat zwei **Wanderwege durch Walcheren** in Ehren wiederhergestellt: **De Veersche Watergang** (Middelburg-Veere, 12 km) und **De Reede van Middelburg** (Vlissingen-Middelburg-Arnemuiden-Veere, 29 km). Von 2006 bis 2013 werden in Zeeland sieben Wandernetze mit einer Gesamtlänge von 500 km angelegt. Im Herbst 2011 wurden in Zuid-Beveland Nord ('Kiekendiefpad'), Zuid-Beveland Süd ('Sporen in de Zak') und Ost Zeeuws-Vlaanderen ('Langs Linies en Kreken') Wandernetze angelegt.

RADFAHREN

Das Radwegeknotenpunktsystem Zeeland (FIKS) ist ein ausgeschildertes Netz von Radwegen. FIKS Zeeland umfasst fünf Regionen: Schouwen-Duiveland, Zuid-Beveland, Tholen und Sint Philipsland; Walcheren und Noord-Beveland; West Zeeuws-Vlaanderen und Oost Zeeuws-Vlaanderen.
Jede Region hat ihre eigene Karte. Die Karten sind bei allen VVVs (Touristenbüros), in Buchhandlungen und bei Freizeitbetrieben erhältlich (€ 5 je Karte, € 20,95 je Set). Außerdem gibt es fünf *FIKS Themarouten: Bloesem- & Fruitroute (Blüten- und Obstroute)* in Zuid-Beveland, *Op de vleugels door Zeeland (Auf den Flügeln durch Zeeland)* und *De overwinning op het water (Der Sieg über das Wasser)* in Schouwen-Duiveland, *Bunkerroute* in Walcheren und *De Kapelletjesroute (Die Kapellenroute)* in Zeeuws-Vlaanderen. Weitere Informationen und nützliche Tipps über das Radwegeknotenpunktnetz und über die Radrouten (GPS, SMS und MP3) finden Sie auf der Site des Routebureau Zeeland (**www**.routebureauzeeland.nl). Die bekannten ANWB/VVV-Radwege verschwinden auf Dauer aus dem Straßenbild. Rund um Goes und das Veerse Meer, auf Noord-Beveland und in dem Forstrevier Westenschouwen sind ausgeschilderte Mountainbikerouten angelegt.

Wanderer im Naturschutzgebiet Oranjezon bei Domburg

Eine Runde mit der Fähre

Früher gab es in Zeeland mehr als 100 Fährdienste. Die Passagiere wurden mit Kähnen, Plattbodenbooten und Ruderbooten übergesetzt. 1866 übernahm die Provinz mit der Gründung der Provinzialen Dampfbootdienste den Fährbetrieb. Durch die Anlage von Dämmen und Brücken verschwanden im Laufe der Zeit alle Fähren. Die Eröffnung des Westerscheldetunnels bedeutete das Ende der Fährdienste Vlissingen – Breskens und Kruiningen – Perkpolder. Auf der Strecke Vlissingen – Breskens gibt es heute eine Radfahrer/Fußgängerfähre. Im Sommer kann man in Zeeland die damalige Zeit wiedererleben. Einige kleine Fähren sind dann wieder in Betrieb. Sie fahren speziell für Fußgänger und Radfahrer, manchmal über alte historische Strecken. Die meisten kleinen Fähren fahren nur in den Monaten Juli und August, einige wenige auch im Mai, Juni und September.

Der Fährhafen liegt in der Nähe des Bahnhofs Vlissingen

TOURISTISCHE FÄHRDIENSTE

Port Zélandia – De Punt (Ouddorp) – Brouwershaven
Burghsluis – Colijnsplaat – Zierikzee
Sophiahaven (Kamperland) – Zierikzee
Sint–Annaland – Zierikzee
Yerseke – Gorishoek – Wemeldinge
Kamperland (Oude Veersteiger) – Veere
Kamperland Uithaven – Veere
Kortgene – Wolphaartsdijk
Vlissingen – Breskens*
Sluiskil Centrum – Sluiskil Oostkade**
Doel (B) – Lillo (B)
Hansweert – Perkpolder

www.rondjepontje.nl

* täglich
** Mo-Sa

Fast Ferries, die schnelle Fährverbindung zwischen Vlissingen und Breskens

ADRESSEN

Rondje met een pontje
www.rondjepontje.nl

Fast Ferries Vlissingen-Breskens
www.veoliatransport.nl

Warn-Service Fähren
SMS alert aan an 4422.

WASSERSPORT

Mit einem Küstenstreifen von 600 km gibt es genug Platz für Segler, Schwimmer, Surfer, Kanufahrer, Angler und Taucher. Die 42 Yachthäfen am Grevelingen, an der Oosterschelde, am Veerse Meer und an anderen Zeeuwse Gewässern verfügen über 13.000 Liegeplätze. Auf der Site von **Deltawaterland** finden Sie eine Übersicht über alle Möglichkeiten, vom Bootsverleih bis zu Segel- und Surfschulen. Zeeland ist ein Eldorado für Sporttaucher. Am Grevelingen und an der Oosterschelde gibt es die besten Tauchstellen. Die mit Schüttgut und Basaltblöcken verstärkten Deiche sind eine günstige Lebensumwelt für Algen, Krabben, kleine Krebse, Muscheln, Austern, Schwämme, Seeanemonen und Sepien.

KANUFAHREN

In Zeeland gibt es viel Wasser, jedoch relativ wenig flaches Kanuwasser. Die Passageule ist eine 15 km lange Kanustrecke mit Anlegestegen, Übertragestellen und Picknickplätzen. Die Route startet beim Campingplatz De Wachtsluis in Retranchement und endet bei Bakkersdam südöstlich von Oostburg. Die Tagesgenehmigung ist beim Camping oder VVV (Touristenbüro) erhältlich. Außerdem können auch der Braakman (mit Genehmigung), das Veerse Meer, der Otheense Kreek bei Terneuzen und das Krekengebiet bei Ouwerkerk befahren werden. Auf Schouwen gibt es die Midden-Schouwenroute, eine 13 km lange Kanuroute zwischen Den Osse und Ellemeet.

Eine der vielen Tauchstellen an der Oosterschelde

STRÄNDE

Auf siebzehn Stränden entlang der zeeländischen Küste weht die *Blaue Fahne*. Das bedeutet, dass der Strand sauber ist, dass es gute Sanitäranlagen und Abfalltonnen gibt und dass am Strand Rettungsmaterial vorhanden ist. Die Strände von Burgh-Haamstede, Vrouwenpolder, Oostkapelle, Westkapelle, Nieuwvliet-Bad und Cadsand-Bad sind breit und wegen der vielen Spielgeräte und Orientierungspfähle sehr kinderfreundlich. An den Strandzugängen stehen Informationstafeln mit Regeln für Windsurfen, Jetskien, Drachenfliegen, Erholung am Naturistenstrand, Hunde und Reiten. Bei einigen Übergängen gibt es spezielle Einrichtungen für Behinderte. An manchen Stränden befinden sich Strandpavillons und Posten für Hilfsdienste, wie EHBO (Erste Hilfe), Strandwache und Rettungsbrigade. Bei Renesse (Pfahl 6,94-7,99) und Westenschouwen (Pfahl 14,11-15,05) auf Schouwen-Duiveland, Neeltje Jans, Vrouwenpolder (ab Pfahl 8,6), Oostkapelle (ab Pfahl 10,9) und Domburg (Pfahl 16,4-16,8) auf Walcheren und Nieuwvliet (Pfahl 21-22) und Cadzand (Het Zwin) in Zeeuws-Vlaanderen gibt es Naturistenstrände.

Kitesurfen am Strand von Noord-Beveland

STRANDPAVILLONS

Die Strandpavillons entlang der zeeländischen Küste haben in den letzten Jahren eine Metamorphose erfahren. Die meisten wurden von einer Strandkantine in einen *trendy place to be* umgewandelt. Viele Pavillons sind das ganze Jahr hindurch geöffnet und bieten neben einfachen Snacks auch Sommermenüs und am Abend live Musik. Einige besondere Pavillons sind: Zuid-Zuid-West in Renesse, Dijkpavillon De Westkaap, Paradiso und Beachbar Zuiderduin in Westkapelle, Kaapduin in Dishoek und Panta Rhei in Vlissingen.

ADRESSEN

Wassersport
www.deltawaterland.nl

Tauchsport
Duikcentrum De Grevelingen
Elkerzeeseweg 34, Scharendijke.
Tel. *0111-671500.*
www.de-grevelingen.nl

Kanufahren
Zeeland Vakantiewoningen
Blankersweg 4a, Den Osse.
Tel. *0111-692500.*
www.denboerservice.nl
Camping De Wachtsluis
Wachtsluis 1, Retranchement.
Tel. *0117-391225.*
www.wachtsluis.nl

Schwimmen
Tel. *0118-631967.*
www.zeeland.nl/zeeland/zwemwater

Gärten in Zeeland

Außer professionell angelegten Gärten wie der Sequoiahof in Vlake und der Rosengarten in Kats öffnen zahlreiche begeisterte Privatpersonen interessierten Besuchern ihre Gärten an festen Tagen oder während der Tage der Offenen Tür der Gärten. Sie können sich einen Schmetterlingsgarten ansehen, einen englischen Landschaftsgarten, einen traditionellen Bauerngarten, einen geschlossenen Stadtgarten oder einen Dorfgarten und einen Kräutergarten.

Sequoiahof in Vlake

GARTENBAUBETRIEBE

Der **Sequoiahof** in Vlake ist ein großer Garten (2 ha) rund um einen Bauernhof und umfasst mehr als fünfhundert verschiedene Bäume, Sträucher und Pflanzen. Eines der Prunkstücke ist der fünfzig Arten zählende Magnoliengarten.

Rammekenshof, Ritthem

Zudem gibt es einen Stein- und einen Bambusgarten. Rosen können im **Zeeuwse Rozentuin** in Kats besichtigt werden. In einer landschaftlichen Umgebung blühen mehr als tausend Arten moderner, klassischer und seltener Rosen. Der **Klosterhof** der Abtei in Middelburg hat seine ursprüngliche Funktion als Kräutergarten zurückbekommen. **Juust wa'k wou** in Schoondijke ist ein schön angelegter Garten mit einem Teich, Wasserpartien und verschiedenen Teilgärten. Der weiße Garten sowie der Kräuter- und Gemüsegarten wurden erst kürzlich angelegt. Mitten in den zeeländischen Poldern finden Sie in Kwadendamme den **Berkenhof's Tropical Zoo**, einen tropischen Garten, in dem zwischen den Pflanzen und Blumen tropische Vögel und Schmetterlinge fliegen.

BEVELANDSE GÄRTEN

Ein Fahrradroute in und rund um Goes führt an besonderen Gärten in Zuid-Beveland vorbei. Während der **Tage der Offenen Tür der Gärten** (Juni) können sechs Gärten, von einem Stadtgarten bis zu einem Dorfgarten und von einem Warftgarten bis zu einem intimer Garten, besucht werden.Die Route hat als Start und Endpunkt Goes und führt an einigen Gärten in den Dörfern Kloetinge und Baarland.

GÄRTEN AN DER KÜSTE

In Oostkapelle, direkt hinter der Dünenreihe können Sie in drei Gärten sehen, was alles auf dem fruchtbaren zeeländischen Lehmboden wächst und gedeiht. Das milde Klima – Walcheren ist von relativ warmem Meereswasser umgeben – und die extra Sonnenstunden führen dazu, dass diese Gärten schon früh im Frühjahr blühen. In den Beeten des romantischen **Rosengartens** wachsen duftende englische Rosen und altmodische, nur einmal blühende Rosen. **Die sub-tropischen Garten** in Fort den Haak in Vrouwenpolder bietet 2,5 ha Garten Spaß mit einem hohen Berg, Wein, Hill, Wasserfall und einem Palm-Boulevard mit Palmen aus der ganzen Welt.

Juust wa'k wou

ADRESSEN

Offene Gärten Zeeland
www. opentuinenzeeland.nl

Gärten an der Küste
www.tuinenaandekust.nl

Romantischer Rosengarten
Duinweg 32, Oostkapelle. Tel. 06-22417379. **www.** bezoekmijntuin.nl

De Subtropische Tuin Fort den Haak
Fort den Haakweg 38, Vrouwenpolder. ***Tel.*** 0118-594495/06-1285 3828. **www.** fortdenhaak.nl

Sequoiahof
Kanaalweg 79, Vlake. ***Tel.*** 0113-382548. **www.**sequoiahof.nl

Der Zeeuwse Rosengarten
Katse Groeneweg 3, Kats. ***Tel.*** 0113-600361. **www.** zeeuwserozentuin.nl

Juust wa'k wou
Tragel Oost 21, Schoondijke. ***Tel.*** 0117-401252. **www.**juustwakwou.com

Berkenhof's Tropical Zoo
Langeweegje 10, Kwadendamme. ***Tel.*** 0113-649729. **www.** tropicalzoo.nl

Textregister

Danksagung

Der Verlag dankt folgenden Personen und Institutionen, die bei der Entstehung dieses Buches mitgewirkt haben.

AUTOR
Bartho Hendriksen hat schon viele Reiseführer und Reiseberichte verfasst. Sein erster Titel in der Reihe der Capitoolreihe *Verrassend Nederland* erschien 2003. Danach folgten in der Reihe *Capitool Reisgidsen Hasselt & Limburg, Friesland, Zeeland, Utrecht, Maastricht & Zuid-Limburg, Antwerpen* und *Gent & Oost-Vlaanderen*. Sein letzte Titel wird *Onverwacht Nederland*.

REDAKTION
Marjolijn Braamburg

SPEZIELLE UNTERSTÜTZUNG
Provincie Zeeland: Jack van Aspert
De Drvkkery – Middelburg: Dick Anbeek;
Riet Goes;
Mary Kuiper

BESONDERER DANK
Boerderijenstichting Zeeland: Frans Rothuizen;
Bureau voor Tourisme Zeeland: Teun van Elsacker, Emerence van Wingen;
Gemeentearchief Schouwen-Duiveland: Huib Uil;
Historisch Museum De Bevelanden: Gerard Heerebout;
Stichting Cultureel Erfgoed Zeeland: Hans Jongepier;
Paul Stockman;
VVV Zeeland
Zeeuws Archief: Peter Sijnke;
Zeeuws Documentatiecentrum (Zeeuwse Bibliotheek): Mieke Meijer;
Zeeuws Landschap: Maarten Hemminga;
Zeeuws Maritiem muZEEum: Daniëlle Otten;
Zeeuws Museum: Valentijn Byvanck

ENTWURF UND TECHNIK
Studio Putto BNO, De Rijp
D2P studio, Dongen

TEXTREGISTER
Silke Bouman

ILLUSTRATIONEN
Jan Egas: 3, 22-23, 24-25, 43, 44-45, 58-59, 68-69, 77, Umschlag hinten.

Gieb van Enckevort: Umschlag vorne, 20-21, 30-31, 32-33, 46-47, 54-55, 64-65, 74-75.

KARTOGRAFIE
Armand Haye: Deckblatt vorn, 6-7, 8-9, 12-13, 16, 21, 31, 51, 71, 91.
Anton van Tetering: 40-41.

FOTOGRAFIEN
o = oben; ol = oben links; olm = oben links Mitte; om = oben Mitte; or = oben rechts; orm = oben rechts Mitte; m = Mitte; ml = Mitte links; mlo = Mitte links oben; mlu = Mitte links unten; mo = Mitte oben; mr = Mitte rechts; mro = Mitte rechts oben; mru = Mitte rechts unten; mu = Mitte unten; u = unten; ul = unten links; ur = unten rechts.

Der Verlag hat versucht, alle Urheberrechte mit den Berechtigten zu regeln. Wer meint, weitere Rechte geltend machen zu können, kann sich an den Verlag wenden.

Der Verlag dankt folgenden Betrieben, Museen, Fotografen und Archiven für das Zur-Verfügung-Stellen ihres Bildmaterials:

Alle Bilder **Sietske de Vries** mit ausnahme von:

Bevrijdingsmuseum Zeeland: 17or

Brouwerij Emelisse: 63r

George Burggraaf: 3or, 39ur, 64lm, 40ul, 40ur, 41ol, 41ul, 41ur

Sammlung Jan Kuipers: 12o

Sammlung Zeeuws Museum Middelburg, Langzeit-Leihgabe des Koninklijk Zeeuwsch genootschap der Wetenschappen: 25ol, 27ur

Corel Stock Photos: 10ul

Drvkkery, De: 88ro

Juust wa'k Wou: 93ur

Gieb van Enckevort: 6ml, 7or, 17ol

Rammekenshof: 93m

Gemeente Schouwen-Duiveland/Gemeentearchief: 16ol

Teo van Gerwen Design: Umschlag om, ml, m

Rien van der Helm: 11ur

Bartho Hendriksen: 10or, 43or, 53ul, 60ur, 87o, 88ur, 89or, 89ur, 89ml

Historisch Museum De Bevelanden: 65ur, 68or, 68m, 68ul, 68ur, 69ol, 69ur, 69ul

Mechteld Jansen/Forum Fotografie: 46ul

Jan van de Kam: 8or, 8ml, 9ol, 9mr, 40ol, 41ul

Olaf Klijn: 16-17m

Kees Kuil: 14

Mary Kuiper: 81ul

R. Maaskant: 81l

Lex de Meester: 2ur, 19or

Nationaal Park Oosterschelde: 45rm Anne Frijsinger en Mat Vestjens, 45ur

Provincie Zeeland: 15om, 77ol, 77or, 77ul

Sequioahof, De: 93or

Smaek van Zeêland: 86or

Stichting Behoud Hoogaars: 11ol

Stichting Cultureel Erfgoed Zeeland: 16mlo

Jan Vermeer: 18o, 40or, 78ur

Voorlichtingsbureau Brood: 87mr

Gerhard Witteveen: 86ml, 86vr, 86ul, 87or, 87ml

Zeeuws Archief: 15u Koninklijk Zeeuwsch Genootschap der Wetenschappen, Zelandia Illustrata: 16u

Zeeuws Documentatiecentrum (Zeeuwse Bibliotheek) 12ul, 12um, 12ur, 13m, 13u, 17ur, 26ul, 46or, 66ul

Zeeuws maritiem muZEEum: 2ro, 10m Leihgabe Rotterdams Historisch Museum, 10ur, 10-11m, 11m, 58ol, 58or, 58m, 58ul, 58ur, 59ol, 59ul, 59ur